学前教育专业"双证融通"系列教材
依据《幼儿园教师专业标准(试行)》《中小学和幼儿园教师资格考试标准(试行)》《学前教育专业认证标准》编写
湖南省职业教育教学改革研究项目
(课题编号:ZJGB2019268)的研究成果

产出导向 双证融合
入眼·入脑·入手
易教·乐学

随文扫码 获取资源

学前儿童科学教育与活动指导·数学

XUEQIAN ERTONG KEXUE JIAOYU YU HUODONG ZHIDAO·SHUXUE

主　编◎周端云　刘春蓉　彭　妹

副主编◎刘满莹　石庆丽　苏建辉

编　者◎周端云　刘春蓉　彭　妹　石庆丽
　　　　刘满莹　苏建辉　皮　姗

U0652272

北京师范大学出版集团
BEIJING NORMAL UNIVERSITY PUBLISHING GROUP
北京师范大学出版社

图书在版编目(CIP)数据

学前儿童科学教育与活动指导. 数学 / 周端云, 刘春蓉, 彭妹主编. —北京: 北京师范大学出版社, 2021.1(2024.8 重印)
ISBN 978-7-303-26350-9

Ⅰ. ①学… Ⅱ. ①周… ②刘… ③彭… Ⅲ. ①学前儿童—数学教学—高等职业教育—教材 Ⅳ. ①G613

中国版本图书馆 CIP 数据核字(2020)第 179578 号

图书意见反馈: gaozhifk@bnupg.com　010-58805079
营销中心电话: 010-58806880　58801876

出版发行: 北京师范大学出版社　www.bnupg.com
　　　　　北京市西城区新街口外大街 12-3 号
　　　　　邮政编码: 100088
印　　刷: 北京溢漾印刷有限公司
经　　销: 全国新华书店
开　　本: 787 mm×1092 mm　1/16
印　　张: 9.25
字　　数: 196 千字
版　　次: 2021 年 1 月第 1 版
印　　次: 2024 年 8 月第 3 次印刷
定　　价: 24.8 元

策划编辑: 姚贵平　余娟平　　　责任编辑: 余娟平
美术编辑: 焦　丽　　　　　　　装帧设计: 焦　丽
责任校对: 康　悦　　　　　　　责任印制: 陈　涛　赵　龙

前　言
FORWORD

　　自新中国成立至 20 世纪 90 年代初，幼儿园数学教学法被称为"计算教学法"，是学前师范教育的一门主要的教学法课程。1995 年，数学教学法课程与其他教学法课程一起合并为"幼儿园教育活动设计与指导"。2001 年《幼儿园教育指导纲要(试行)》(以下简称《纲要》)颁布，2012 年《3—6 岁儿童学习与发展指南》(以下简称《指南》)颁布，此后，"学前儿童数学教育与活动指导"作为一门独立课程获得长足发展。

　　本教材的编写者以习近平新时代中国特色社会主义思想为指导，以《纲要》《指南》《高等学校课程思政建设指导纲要》等纲领性文件为依据，秉承"立德树人""实践取向""岗课赛证融通""媒体融合"的理念，有机融入中华优秀传统文化，以培养有"文化自信"的幼儿数学发展指导者为目标，设计了项目化、模式化、递进式的，适合线上线下、校内校外融合学习的六个项目：解密学前儿童数学学习、学前儿童集合与模式学习指导、学前儿童数与运算学习指导、学前儿童图形与空间学习指导、学前儿童量的比较与测量学习指导、学前儿童数学发展评估。项目二至项目五又以幼儿园教师指导活动的学习逻辑为主线，设计了四个递进的子任务，依次为发展特点、关键经验、学习指导、活动设计案例。这是本教材的一个特色。本教材的第二个特色就是一个集体数学活动设计文本对应一个活动视频，教学活动案例评析既有预设示范，又有留白生成。本教材的第三个特色是提供了对接教学岗位、基于翻转课堂教学理念的教学设计，真正做到了课前理论学习、课中实践运用和课后巩固拓展。本教材的第四个特色是传统文化与数学相融合。

　　本教材以二维码的形式在数字平台上(京师 E 课 http：//jsek. bnuic. com，使用说明见封二)提供了与教材配套的融媒体资源：试题 22 套，包括单元检测题 12 套、综合复习题 10 套；微课视频 23 个；实践活动视频若干；32 课时的教学设计与课件；实训指导文件 9 个，其他素材若干。学习者可以通过观看微课和优质活动视频来学习，还可以通过模拟试教、微课制作、同课异构、特色课展示、名师面对面、习题练习、思维导图绘制等方法来巩固、练习知识和技能，在品评理论知识和实践教学基础上获得新时代学前儿童数学教育的实践智慧，成为"四有"好教师。

本课程考核由过程考核和结果考核两部分组成。过程考核与结果考核所占比重分别为 70% 与 30%。过程考核由"考勤"考核、"课堂参与"考核及"学生作品"考核三部分组成。其中"学生作品"考核包括"思维导图绘制""实训材料准备""实践视频录制""微课制作""教学反思撰写"五类内容，作品均以小组为单位提交。结果考核为闭卷考试，过程考核与结果考核全程融通。

本教材每个项目设有八个部分，分别为"项目导入""思维导图""学习目标""典型案例""知识储备""拓展阅读""实践训练""学习评价与反思"，既有对理论的阐述，又有案例分析与练习，将理论与实践紧密结合，有助于促进学前教育专业学生能力提升、师德养成、知识习得。在"知识储备"部分又设有"想一想""真题链接"（"真题链接"中的题目均来自幼儿园教师资格证考试《保教知识与能力》真题）等栏目。

本教材由湖南民族职业学院的周端云、彭妹和湘中幼儿师范高等专科学校的刘春蓉共同担任主编，由湘南幼儿师范高等专科学校的石庆丽、长沙幼儿师范高等专科学校的刘满莹和湖南省国际教育科学研究院学术委员会首席专家苏建辉共同担任副主编。

周端云负责本书的修改与统稿工作、试题编制工作、微课设计与制作工作；彭妹负责学前儿童数与运算学习指导、学前儿童图形与空间学习指导两个项目的编写以及部分活动视频的录制与审核工作；石庆丽负责学前儿童集合与模式学习指导项目中集合部分的编写及试题编制工作；刘春蓉负责学前儿童量的比较与测量学习指导和学前儿童集合与模式学习指导中模式部分的编写及试题编制工作；刘满莹负责解密学前儿童数学学习、学前儿童数学发展评估两个项目的编写以及历年教师资格证考试试题搜集工作；苏建辉负责一部分活动视频的录制与审核工作。另外，10 套综合复习题由周端云、石庆丽和刘春蓉编制。

本教材在编写过程中得到了湖南省人民政府直属机关第三幼儿院、湖南省文化和旅游厅艺术幼儿园梅溪湖分园、长沙岳麓幼儿教育集团第十九幼儿园、桂林市三皇路幼儿园、深圳市基建幼儿园、湖南民族职业学院示范幼儿园、湖南民院学府幼儿园、岳阳市艾乐国际凯旋城幼儿园、岳阳市洞庭氮肥厂幼儿园、岳阳市南湖博苑幼儿园、岳阳市岳阳县张谷英镇中心幼儿园、岳阳市瑞吉幼儿园、岳阳市新华花苑幼儿园、岳阳勣杜鹃金湖幼儿园、岳阳市经典幼儿园、京学附属实验幼儿园岳阳分园的园长与老师的大力支持与帮助，她们为本教材的编写提供了图片素材和视频素材。活动执教教师黄佳、王森、易朵梅、左晓敏、陈翠、王棒、陈娟、兰亚玲、汤丽娟等付出了艰辛的劳动。北京师范大学出版社职业教育分社的姚贵平社长、余娟平编辑在教材编写过程中也付出了诸多努力，谢谢你们，在此一并表示感谢！同时教材中还引用了大量国内外同行的研究成果，尽管在文中已有注释，但还是要表示感谢！

由于编者学识水平有限，本书难免有不足之处，恳请大家批评指正。

周端云

2020 年 6 月

目　录

CONTENTS

项目一　解密学前儿童数学学习

项目导入

视频《家里来客人了
——数物对应》

　　扫码观看视频《家里来客人了——数物对应》，然后请思考：你发现了学前儿童数学学习的哪些秘密？

思维导图

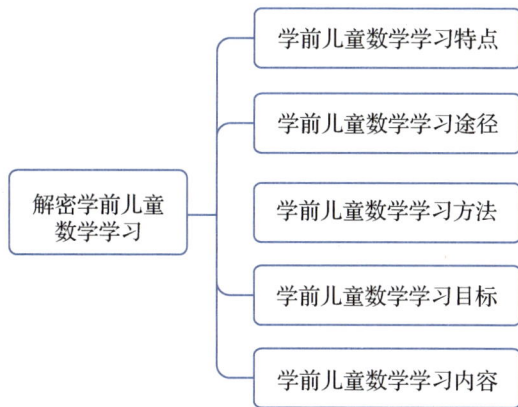

学习目标

　　1. 了解学前儿童数学学习的特殊性，树立科学的学前儿童数学学习观和教育观。

　　2. 理解学前儿童数学学习的特点、途径、方法、目标与内容。

　　3. 灵活运用学前儿童数学学习的相关知识，分析学前儿童数学教育实践中的有关问题。

典型案例 ▶

在大班数学活动"趣味数数"中，吴老师要孩子们数一数 PPT 上的房子有多少幢，花有几朵，兔子有几只，孩子们有的用手拿着笔一边遥指一边数，有的一边点头一边数。（图 1-1）

想一想：此情境反映了学前儿童数学学习的什么特点？

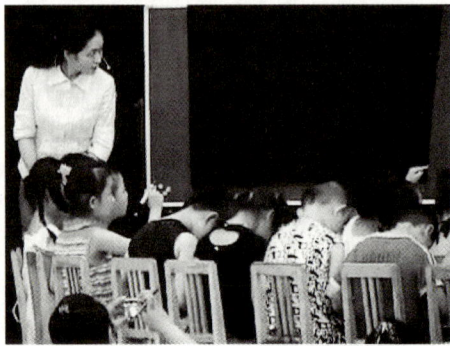

图 1-1 "趣味数数"活动现场图

知识储备

任务 1 学前儿童数学学习特点

"学前儿童数学学习特点"微课

导入语

学前儿童数学学习特点是选择学前儿童数学学习内容、途径与方法，制定学前儿童数学学习目标的依据。除了上述典型案例中所呈现的特点，学前儿童数学学习还具有哪些特点，请同学们思考一下。在了解学前儿童数学学习的相关问题之前，我们首先需要对数学有一个清晰的认识。

一、数学

数学并非自然界的客观存在，而是人类社会生产实践的产物。数学存在于我们生活的方方面面，但仔细考虑却又似乎难以确切地说明数学是什么。

《周易·系辞》云："上古结绳而治。"《周易集解》云："古者无文字，其有约誓之事，事大大其绳，事小小其绳，结之多少，随物众寡，各执以相考，亦足以相治也。"这些关于数学的古老记载，表明在远古时代人类便通过在粗细不同的绳子上面结成不同距离和不同大小的结，来记录和传播重大的事件。后来，随着人类智慧的增加和语言符号的产生，人类又从具体事物中抽象出了数字的概念，用更便捷和精确的方法来表示不同的数量及其关系。

古往今来，数学家对什么是数学有不同的解答，如形式倾向性者认为数学是一门演绎科学；对象倾向性者认为数学是研究数与形的科学；综合倾向性者认为数学是研究数量关系和空间形式的一个宏大的科学体系……在吸收借鉴诸多专家学者观点的基础上，结合数学学科的特点，我们认为数学是广泛应用于人类社会生产实践的对一切空间形式和数量关系的表达，具有高度的抽象性、概括性和严密的逻辑性。

我们可以从三个方面进一步理解数学的含义：抽象性与概括性是指数学是对现实世界中关系与形式的抽象的、概括的表达。例如，数字"3"既可以代指 3 个苹果、3 桶水、3 幢房子等具体事物，也可以代表 3 类水果、3 所幼儿园等事物之间的联系，后者便是对某种集合进行抽象概括的结果。数学具有严密的逻辑性，体现为数学概念是一个内部相互联系的庞大系统，除了数、量、形等范畴之外，还包含着各种复杂的数学关系，如相对关系、函数关系、运算中的可逆推导关系、类包含关系等。同时数学还具有广泛的应用性，即从现实世界中抽象出来的数学原理被广泛应用于我们的生活中，小到超市购物、分发物品，大到建桥修路、卫星发射等无不渗透着数学知识。

二、学前儿童数学学习的特点

数学的抽象性与逻辑性决定了学习数学需要抽象逻辑思维的参与，而学前儿童的思维发展正处于由具体形象思维向抽象逻辑思维过渡的阶段，在这个阶段，学前儿童的思维以具体形象思维为主，思维具有表面性，缺乏灵活性。学前儿童的思维特点及数学内容的特点决定了学前儿童数学学习具有以下特点。

（一）多样化的感知经验在学前儿童数学学习中极为重要

数学来源于具体事物，但又不同于具体事物，是对具体事物及其关系的一种抽象，数学学习需要摆脱事物的其他无关特征，抽离出相关的数学概念。《3—6 岁儿童学习与发展指南》（以下简称《指南》）中"数学认知"部分的三个目标都强调了感知层面学习的重要性，教师应为学前儿童提供多样化的感知经验。学前儿童在积累了大量的感知经验后，才能将事物的表面特征与抽象关系区分开，认识到抽象数学关系和数学概念，因此丰富的感知经验是学前儿童学习数学的基础。例如，学前儿童认识数字"3"，就需要理解各种数量为"3"的事物：3 个小朋友、3 个苹果、3 只小狗、3 辆小汽车、3 个玩具娃娃……经过多次感知，学前儿童逐步理解数字"3"可以表示各种各样数量为 3 的集合，开始认识到"3"这一数字的抽象含义。

"多样化的感知经验"微课

想一想：如何为学前儿童数学学习提供多样化的感知经验？

案例 1-1-1

爸爸带菁菁逛超市时给她买了 2 块巧克力，回到家后奶奶又给了她 2 块，妈妈要菁菁数一下自己一共有几块巧克力，菁菁数出她有 4 块，妈妈告诉她吃多了巧克力牙齿会疼，要她每天吃 1 块；后来，爷爷给了菁菁 2 个橘子，叔叔又给了她 2 个橘子，她数出自己有 4 个橘子。经过多次对类似情境的感知和体验后，菁菁就能够抽象出 2 加 2 等于 4 这一数量关系了。

(二)学前儿童数学学学习依赖于一定的情境

《指南》中"数学认知"部分第一条目标就强调，应让学前儿童发现数学与日常生活之间的关系，尝试在生活情境中解决数学问题。只有将实际的问题情境与学前儿童已有的数学经验联系起来，才能保证学前儿童真正能够理解和运用所学的数学知识。学前儿童思维发展的具体形象性以及数学的抽象性和逻辑性决定了学前儿童的数学学习行为往往不会"无缘无故"地产生，而是由具体的情境所引起的。学前儿童通过在具体的生活情境中学习与运用，才能真正理解数学概念的内涵。情境提供了具体的人、事、物的支持，这些是学前儿童数学学习的"引线"，可让学前儿童在反复感知具体事物的过程中逐渐理解抽象的数学知识。具体的情境还能帮助学前儿童利用自身已有经验，建立新旧经验之间的联系，增强对知识的迁移和运用能力。在学前儿童数学教育过程中，创设一定的情境，能够吸引学前儿童的注意力，激发他们的学习兴趣。

"学前儿童数学学习情境的设计"微课

想一想：如何创设学前儿童数学学习情境？

案例 1-1-2

在小朋友们吃点心时，教师给每位小朋友发了一颗青枣，一位小朋友拿着青枣左看右看，大声说："这个好像鸡蛋啊，绿色的鸡蛋！"其他小朋友听了，有的说："鸡蛋比这个大！"有的说："像乒乓球，绿色的乒乓球！"有的说："我吃过绿色的苹果，这个好像绿色的小苹果！"孩子们边吃边议论着……这是一个由生活情境直接引起的学前儿童的无意想象，其中对"大与小"和"形状"的讨论是学前儿童数学学习内容的组成部分。

(三)学前儿童数学学习依赖于外部动作

外部动作能够帮助学前儿童在具体的实物和抽象的数学概念之间建立联系，是现实世界与数学关系之间的桥梁。学前儿童感知和理解抽象的数学关系依赖于对具体事物的操作，在对物体的操作活动中，学前儿童可以认识物体的形状、材质、颜色、大小等方面的特征，进一步理解事物之间的关系，为认识抽象的数学概念奠定基础。以学前儿童掌握"数概念"为例，最初学前儿童只是跟随成人的指导，模仿成人的语调唱数数字(经常出错)，并不能真正理解这些数的含义；之后在成人的示范下，会尝试把口头数数和手指点数的动作结合起来，并把数和所数物体一一对应，逐渐理解数的含义。在掌握数概念的过程中，数数的动作就是学前儿童在头脑中将实物与数概念联系起来的中介。(图 1-2)

图 1-2　操作中的学前儿童

真题链接(2019 年下半年)：教师经常在班级内设置许多活动区，提供多层次的活动材料，让学前儿童自由选择，这遵循了学前儿童数学学习的(　　)原则。

A. 阶段性　　　B. 社会性　　　C. 操作性　　　D. 差异性

案例 1-1-3

小班儿童学习数字时，教师往往需要准备一定数量的点数卡和具体物品。在某幼儿园小班，在"数数自己有多少个苹果"的教学活动中，教师拎着一篮子"苹果"(印有苹果的卡片)进入活动室，每位小朋友面前都有一个装有不同数量"苹果"的小篮子。教师先一个一个地拿出自己篮子里的"苹果"，边拿边数，然后让小朋友数数并说出自己有几个"苹果"。接着教师举出 1~7 的点数卡，每举一个点数卡，就请有相应数量"苹果"的小朋友站起来展示一下。通过这样的活动，学前儿童能够认识数字和实物之间的对应关系，并逐步形成数概念。

（四）数学学习需要学前儿童的主动建构

不同于其他学科，数学有严密的逻辑体系，数学知识之间有着紧密的联系，因此学前儿童数学学习是一个持续不断、螺旋式上升的过程，如学前儿童理解了数字的实际含义之后才可以进一步学习数的加减运算等。学前儿童的数学学习表现为数学经验的丰富和认知结构的完善，这是一个透过各种各样的现象厘清事物之间本质关系的过程，需要学前儿童的主动建构。皮亚杰的认知发展理论认为，同化与顺应是儿童与外部环境相互作用的两种机制，是儿童智力发展的两个基本过程。同化是指个体从外部环境中吸收有关信息，并将其整合到已有的认知结构中，即个体把外界刺激所提供的信息整合到自己原有认知结构中的过程。顺应指的是外部环境发生变化，但个体原有的认知结构无法同化新环境提供的信息，从而引起认知结构发生重组与改造的过程。学前儿童用已有的认知结构和经验同化着外部世界的信息，同时也建构着新知识，数学学习就是在学前儿童不断地主动发展自己的认知结构、不断建构事物关系的过程中实现的。

案例 1-1-4

当学前儿童理解了数字"3"的含义后，再遇到与 3 有关的事物，就能用"3"来表示具体事物的数量了，如看到相关事物后会说自己有 3 块糖、3 个好朋友、3 个苹果等，这是同化的过程。但是若妈妈问："你有 3 个苹果，妈妈再给你 3 个，你有多少个？"学前儿童就很难给出正确答案了，这需要对已有经验进行重组与改造，这就是顺应的过程。

【练习与应用】

一、单项选择题

1. 芳芳在数积木，花花问她有几块三角形的，芳芳点数："1，2，3，4，5，6，6 块三角形的。"花花又给了她 4 块，问她现在有多少块三角形的积木。芳芳边点数边说："1，2，3，4，5，6，7，8，9，10，我有 10 块啦！"就数学领域而言，下列哪一条最贴近芳芳的最近发展区？（　　）

　　A. 认识和命名更多的几何图形

　　B. 默数、接着数等计数能力

　　C. 以一一对应的方式数 10 个以内的物体，并说出总数

D. 通过实物操作进行 10 以内加减法的运算能力

2. 学前儿童认识了 5 的含义后，再遇到与 5 有关的事物就能用"5"来表示具体事物的数量了，如看到相关事物后会说自己有 5 个洋娃娃、家里有 5 口人等，这是（　　）的过程。

A. 同化　　　　B. 顺应　　　　C. 建构　　　　D. 迁移

3. 学前儿童掌握数概念的过程是（　　）。

A. 口头数数→给物说数→按数取物→掌握数概念

B. 给物说数→口头数数→按数取物→掌握数概念

C. 按数取物→给物说数→口头数数→掌握数概念

D. 给物说数→按数取物→口头数数→掌握数概念

4. 学前儿童数学学习本质上是一个（　　）的过程。

A. 由抽象到具体　　　　　　B. 由具体到抽象

C. 由主观到客观　　　　　　D. 由一般到个别

二、判断题

1. 学前儿童早期数学知识的习得是和许多具体的情境相关的。（　　）

2. 学前儿童加减运算能力的发展经历了"表象—实物操作—概念"，这是一个由具体到抽象的过程。（　　）

3. 感知经验在学前儿童数学学习中具有重要作用。（　　）

4. 对学前儿童来说，学习数学是以后发展的基础，要尽早开始，在入小学前要学习更多的数学知识。（　　）

5. 数学是对一切空间形式和数量关系的表达，具有高度的抽象性、概括性和严密的逻辑性。（　　）

三、简答题

简述学前儿童数学学习的特点。

典型案例 ▶

　　在户外活动中，王老师教小朋友们排队玩软梯，男孩和女孩各排成一队。但是总有些小朋友不记得在跳完一次后要回到队伍的最后去重新排队，小(1)班的浩浩就是其中一个，他在队伍中间窜来窜去，干扰了整个活动的秩序。王老师走过去喊住他："浩浩，你跳完一次后要到队伍的后面去排队，要到男孩子那一队去，老师带你过去。"在王老师的指引下，浩浩乖乖地走到后面开始排队，其他不知道如何排队的小朋友也开始走到队伍后面排队，活动变得井然有序起来……（图 1-3）

图 1-3　户外活动中的序列感知

任务 2　学前儿童数学学习途径

导入语

在上述案例中，学前儿童在游戏的过程中获得了有序的概念。对于学前儿童数学学习来说，学前儿童学习的途径丰富多样，他们可以在生活中、在与周围环境的互动中、在与人的交往中获得相应的数学经验，具体来说，学前儿童数学学习的途径有以下四种。

一、在专门组织的数学活动中学习

专门组织的数学活动是指教师面向全体儿童实施的有目的、有计划的数学教育活动，是学前儿童数学教育的主要途径，也是学前儿童数学学习的主要途径。其特点是事先要进行缜密的筹划和设计，活动不是偶发的或随机发生的；学习内容专门指向数学，而很少涉及其他领域的内容；一般是在集体教学活动中进行的，也可根据需要采用小组学习和个别活动的形式。因此，在专门组织的数学活动中，教师指导和控制着学前儿童数学学习的进程、难易程度等，能够保证学前儿童数学学习的顺序性和系统性。这种专门组织的集体数学教育活动能使全班儿童在同一时间接受同样的数学教育，适用于让学前儿童学习基本的数学知识与技能，适合学前儿童人数较多而教师缺乏的情况。但在面向集体的数学教育活动中，学前儿童很难与他人进行深入的交流，教师难以照顾到学前儿童学习过程中的个别差异，也难以保证学前儿童主动性和自主性的发挥。小组学习或个别活动能够弥补集体数学活动的不足，可以满足学前儿童数学学习过程中的必要互动需求，也可以满足学前儿童学习的不同需求。

案例 1-2-1

食品小聚会①

活动背景

新年开学后，在讨论"娃娃家"游戏时，孩子们说，"菜场"只有蔬菜，没有其他东西。"娃娃家"没有吃的，不好玩，娃娃要吃蛋糕，没有地方买……怎么办？开超市、开食品店、开包子铺……经过孩子们七嘴八舌的讨论，最后"星星食品店"诞生了。小朋友们纷纷带来了自制的各式各样的"食品"，有饺子、包子、小蛋糕等。好吃的食品究竟有几种？每一种有几个？怎么摆放？这些游戏中的问题无疑是一个个数学问题，而这些数学问题可以引导学前儿童迁移在"放烟花"等活动中习得的经验来解决新的问题，解决这些问题也让学前儿童的相关经验再次得到巩固。由此，数学活动"食品小聚会"生成了。

活动目标

1. 会按食品的种类进行分类，并根据点子卡片取出相等数量的食品。

2. 在操作活动中进一步感受节日的快乐。

活动准备

1. 玩具柜 3 个。

2. 自制的各种"食品"（饺子、包子、小蛋糕等）的实物卡片（标记图）若干，贴有 3 个以内点子的小盘子若干。

活动过程

一、说说看看："我吃过的食品"

师：我们都吃过哪些好吃的食品呀？

引导学前儿童根据自己的生活经验说一说自己吃过的食品。

展示食品，说说食品的名称。

师：这些食品叫什么名字？

鼓励学前儿童大声说出食品的名称。

二、给食品分类，布置食品店

1. 讨论：食品怎么放。

师：这么多食品可以开个食品店了，想想食品店的食品应该怎么放呢？

引导学前儿童根据食品的种类，把相同的食品放在一个玩具柜里。

① 张慧和、张俊：《幼儿园数学教育活动指导》，311～315 页，北京，人民教育出版社，2013。（选用时有改动）

2. 我会放食品。

鼓励学前儿童一边拿一边说："××和××放在一起。"

教师和学前儿童共同检查食品摆放的位置对不对，一边检查一边说："这里都是××。"

3. 给食品配标记。

教师出示包子、饺子、蛋糕的标记图，引导学前儿童观察，并说一说这些是什么标记，可以表示哪种食品。

请一些小朋友为食品配标记。

三、取食品，点物匹配

1. 观察"娃娃家"的食品。

师：想不想品尝食品？放在哪里品尝呢？

2. 教师出示小盘子。

师：盘子里有什么？它表示什么意思？

引导学前儿童了解盘子里有几个点子，就取几个食品尝一尝。

3. 学前儿童示范拿取食品。

请一些小朋友取盘子，先数点子，再按点子数目取相同数目的食品品尝。

4. 学前儿童品尝食品。

鼓励学前儿童数点子，进行点物匹配。还可以交换盘子再次游戏。

二、在游戏中体验数学

游戏是学前儿童的一项基本活动，它最适合学前儿童的身心发展水平，在带给他们快乐体验的同时，也让他们学到了很多的知识技能。数学的抽象性很容易造成学前儿童数学学习上的困难，如果伴随有不当的教学方法，更会让学前儿童在学习数学时感到枯燥和乏味，甚至对学习数学产生抗拒心理。然而，学前儿童对待游戏的态度是非常积极的，游戏种类繁多，

视频《老狼老狼几点钟》

大都涉及数量、形状、时间和空间等方面的内容，如玩具中的各类卡片、拼搭材料，游戏过程中的计数、分类、排列与组合等都蕴含着数学概念。在游戏活动中学前儿童情绪愉快，可以轻松自然地投入学习中，也能够取得最佳的学习效果。因此，通过游戏活动进行数学学习，是学前儿童数学学习的一种有效方法。

案例 1-2-2

某幼儿园大(2)班的小朋友收到了一封来自园长妈妈的信，信中园长妈妈邀请大(2)班的小朋友参加六一儿童节的表演活动，小朋友们商量着要一起给园长妈妈写回

信。于是小朋友们忙开了，他们先是自制了邮票，接着又开始制作信封，写信的时候请班主任李老师写下了他们想说的话。接着，小朋友们萌发了给爸爸妈妈寄信、给好朋友寄信的想法，于是他们分工合作，制作出了不同面额的邮票、不同大小和形状的信封，并在活动室设置了不同的信件分类格子，按照信封上的"门牌号"分送信件……孩子们乐此不疲地扮演着邮递员、收信人、寄信人等角色。

三、在日常生活中感受数学

日常生活中蕴含着各种相互联系的现象与知识，很多都表现为一定的数量关系和空间形式，如生活场景中的路牌、超市、银行、建筑、红绿灯、门牌号、紧急报警电话等。这些场景中既蕴含着学前儿童数学学习的内容，又与其生活息息相关，因此日常生活活动能够补充专门组织的数学活动和游戏所不能体现的数学概念，而且可以在具体的生活情境中随时进

视频《马路边的数学》

行，是学前儿童数学学习的重要途径。例如，问孩子：你家里有几口人？你有几个洋娃娃？你喜欢什么颜色的衣服？让孩子分配餐具和蛋糕；上楼梯时数一数有几个台阶；等等。在日常生活活动中学前儿童可以轻松自在地获得诸多数学概念和简单的数学知识，学前儿童的数学能力和数学学习兴趣也可以在潜移默化中得到培养。

案例 1-2-3

国庆假期期间，妈妈带明明参观植物园，明明看到有的树长得很粗壮、高大，有的树却比较矮小；有的花长在土壤里，有的花却开在水池里；有的植物叶子很大，有的植物叶子很细小。而且树叶的颜色也有区别：黄色的、绿色的、红色的……她和妈妈都很喜欢桂花的香味，她们在桂花树那里玩了很久，并且数了一下：一排就有 10 棵桂花树呢！她告诉妈妈想在家里种一棵桂花树，但是妈妈告诉她家里的阳台太小了，不适合桂花树生长，但是可以在奶奶家的院子里种一棵，等明明读小学的时候，桂花树就能长大了……

四、在数学区中操作学习

数学区是教师根据幼儿园教育目标、学前儿童的数学发展水平而创设的活动区域。它是教师有目的地投放数学活动材料，学前儿童根据自己的意愿和能力进行操作与探索，进行个别化的自主学习的活动区域。教师通过投放材料、营造良好的

"学前儿童数学区域
材料设计"微课

数学环境等培养学前儿童对数学学习的情感态度，引导学前儿童初步掌握数学学习方法，感受事物的数量关系并体验数学的重要和有趣，提高探索和解决数学问题的能力。创设良好的数学区环境，以及投放适宜的材料是实现幼儿园数学区域功能的重要方式。

幼儿园数学区域环境设计包括空间设计、材料设计、标识设计三个部分。就空间设计而言，幼儿园数学区域需要相对独立、安静、宽敞的空间，一是用来摆放材料；二是供学前儿童操作、独立思考、互动交流，以保证学前儿童操作过程中思维的连续性和完整性。幼儿园区域材料应具备科学性、全面性、层次性等特点。标识对学前儿童了解活动常规，培养良好的规则意识、自我管理能力以及秩序感可以起到重要作用。教师应根据学前儿童的年龄特点和学习能力，设计出符合不同年龄阶段儿童特点的，并能使其快速辨别出来的数学材料标识。（图1-4）

图 1-4　幼儿园数学区环境设计

案例 1-2-4

幼儿园中（1）班的彭老师在数学区放了很多大大小小的杯子、盒子、积木等，悠悠在数学区玩的时候把这些都拿了出来，放在地上一边摆弄一边嘟囔着："这个是矮的，这个是高的……"彭老师走到悠悠身边发现她把这些瓶瓶罐罐放在地上，尝试着按照高矮的顺序进行排列。悠悠告诉彭老师说："这个是高的，我比然然（班里的另一位小朋友，平时经常和悠悠一起玩）高……"原来是昨天悠悠妈妈接悠悠离园时碰到了然然妈妈接然然，两个家长在聊天的时候说到悠悠个子长得高，还让悠悠和然然走在一起比较。

【练习与应用】

一、单项选择题

1.（　　）是指面向全体儿童实施的有目的、有计划的数学活动，是学前儿童数学教育的主要途径。

    A. 专门组织的数学活动   B. 游戏活动

    C. 区域活动   D. 日常生活活动

2.（　　）能够补充专门组织的数学活动和游戏所不能体现的数学概念，而且可以在具体的生活情境中随时进行。

    A. 专门组织的数学活动   B. 游戏活动

    C. 区域活动   D. 日常生活活动

3. 在（　　）中学前儿童情绪愉快，可以轻松自然地投入学习中，也能够取得最佳的学习效果。

    A. 专门组织的数学活动   B. 游戏活动

    C. 区域活动   D. 日常生活活动

4.（　　）是在幼儿园等专门幼教机构中在学前儿童活动场所专门设置的一个小区域，区域内投放了各种可供学前儿童进行数学活动的材料。

    A. 数学游戏   B. 数学区

    C. 数学教育活动   D. 数学课

二、简答题

简述学前儿童数学学习的主要途径。

任务3　学前儿童数学学习方法

    学习方法是指在学习实践中总结出来的掌握知识的方法，与学习效率相关。对于学前儿童来说，"教师讲，儿童听"的传统模式显然是无法满足学前儿童发展需求的。现代教育观和儿童发展观主张把学习的主动权还给学前儿童，给学前儿童的学习提供科学的支持和引导，保护和鼓励学前儿童的探索精神，充分尊重学前儿童在教育过程中的主体地位。就学前儿童数学学习而言，具有可操作性且已经被教育实践证明的适合学前儿童数学学习的方法主要有如下几种。

一、游戏式学习法

    游戏作为学前儿童数学学习的一种途径，同时也是学前儿童数学学习的重要方法。作为学习方法，游戏式学习法是指在游戏中融入数学知识和概念，使学前儿童通过游戏来体验和学习数学知识，获得相应的数学概念的方法。游戏是学前儿童最喜爱的活动，能最大限度地将学习目标与学前儿童的兴趣结合起来，调动他们学习的积极性。

案例 1-3-1

在区域游戏中，王艺馨走到科学区拿起操作盘开始组装听诊器，她组装的速度很快。组装完成后，她把听诊器放到自己的胸口，确认是否能听到心跳声。当她确认能够听到心跳声时，她的脸上露出了笑容。她小声地数着自己的心跳，并拿出记录单开始做记录（写数字）。很快，她完成了听诊器的操作，并把记录单交给老师："邱老师，今天我记录了 10 次。"（图 1-5）

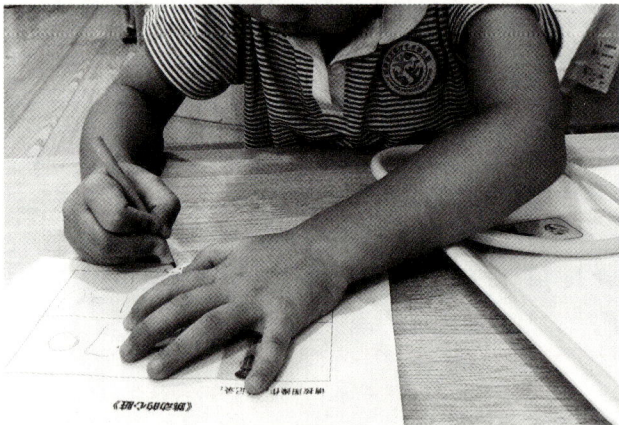

图 1-5　区域游戏中的记录

二、操作式学习法

操作式学习法是给学前儿童提供合适的材料和环境，在教师的指导下或学前儿童自己进行操作探索，获得有关知识或经验的方法。在操作的过程中，学前儿童通过感知和领悟获得丰富的感性经验，并在反复的操作过程中潜移默化地从感性经验中逐渐抽象出初步的数学概念。在操作式学习中，教师首先要投放合适的操作材料或创设符合学前儿童活动的环境。受认知水平的限制，学前儿童在操作过程中往往会表现出一定的盲目性和随意性，经常需要教师对操作活动进行引导和调整。对于一些复杂的操作活动，教师应先做示范性操作，并进行适当的讲解。在操作活动中教师还要及时做出反馈和归纳，对学前儿童获得的粗浅经验进行总结，提升学前儿童数学认识的系统性。

案例 1-3-2

在区域活动中，李菁看到扑克牌说："这个我还没玩过呢。"于是，她便拿起来选择了一个安静的地方开始操作。她先拿出一张红色扑克牌，直接放入操作卡中。这时她发现上面有数字，于是又将扑克牌拿出来数点数，才发现自己错了。她继续操作，发现扑克牌有黑色的和红色的。于是，她把黑色的和红色的进行了分类，排除了花色对自己操作的干扰。根据操作卡上的数字，数自己手中扑克牌上的点数，很快她便完成了第一张操作卡，这个时候只剩下黑色操作卡和扑克牌了。她说："这个太简单了，我很快就操作完了。"刘老师在旁边观察说："请你检查之后，再进行下一个操作。"她笑着说："好的，刘老师。"又说道："这里错了一个。"修改后递给刘老师检查。采用同样的方法，她继续进行下一个操作。仍旧很快便完成了，自己检查之后拿给老师检查，并听到刘老师说："嗯，对了。"她高兴地跑到赵优优那里，分享自己的快乐。（图1-6）

图 1-6 扑克牌操作

三、讨论式学习法

讨论式学习法是指教师和学前儿童围绕某个问题或主题进行沟通、交流，自由地发表自己的想法和意见，表达自己的感受和经验的方法。在交流讨论中，学前儿童通过倾听他人的经验，梳理自己的经验，拓展思维空间，学会从不同的角度思考数学问题，这有利于学前儿童将对事物的外部特征的零碎的认识转为内在的、有规律的思考，提升抽象概括能力。对于不同的学习内容，应该采用不同的讨论形式，常见的讨论形式有辨别性讨论、修正性讨论、交流性讨论、归纳性讨论四种，选择的讨论形式是否合适是决定讨论的效果能否发挥出来的关键。

辨别性讨论常常用于对两种或两种以上的内容进行比较。例如，用四种颜色的笔描画出长方形、正方形后，要求学前儿童讨论："这两种图形有什么相同的地方？有什么不同的地方？"此类讨论的着眼点不在于追求正确的答案，而在于使学前儿童学会比较和积极思考。修正性讨论的目的是让学前儿童发现问题，认识到操作中的谬误所在，并运用已有的知识进行分析，提出修正办法。例如，教师出示分类操作后的记录单，引导学前儿童观察并讨论："这两张记录单分别记录了分类的结果，哪张是错的，哪张是对的，为什么？"学前儿童通过分析，逐步认识到分类标准与分类标记必须一致。交流性讨论主要用于针对有多种答案的问题来展开讨论，讨论时应注意让学前儿童陈述不同的操作体验，扩展他们的思路。例如，把 8 个圆片等分后讨论："你把圆片分成了几份？每份是几个？"让学前儿童说出不同的等分方法。这样，学前儿童便从讨论中了解了不同的等分方法，丰富了知识经验。归纳性讨论能帮助学前儿童归纳操作中的体验，使之条理化、概念化。例如，让学前儿童将圆片等分后讨论："哪种分法可使每份的圆片多些？哪种分法的会少些？哪种分法的最少？"通过讨论，引导他们概括出在等分中，若分的份数越少，每份的数量就越多，分的份数越多，每份的数量就越少的关系。在这里，不应简单地用教师的概括去代替儿童的概括，否则不利于学前儿童分析能力、综合能力的提高。

案例 1-3-3

小班儿童学习对物体进行分类时，周老师观察到有些儿童把形状相同的放到了一起，有些儿童把颜色相同的放到了一起，有些儿童把大小相似的放到了一起，而乐乐小朋友把几种不同形状、不同颜色、不同大小的放到了一起，让人有些不解。周老师说："小朋友们，请说一说你把什么样的积木放到一起了？"有的小朋友说："我的是颜色一样的。"有的说："我的都是三角形的。"有的说："我的都是大小一样的。"周老师接着问："乐乐你是怎么分的呀？"乐乐说："老师，我的这些积木正好可以拼出一辆汽车。"他一边说一边开始拼起了汽车。

四、观察学习法

观察学习法是学前儿童学习的主要方法，学前儿童主要是通过用感官直接接触，如视觉、听觉、触觉等，来认识客观世界的。苏联教育家苏霍姆林斯基认为：发达智力的一个极其重要的特点，就是善于观察。学前儿童的数学学习离不开对具体事物的观察，如比较物体的大小、长短，认识事物之间的差异等。但是观察能力并非天生的，需要引导学前儿童掌握正确的观察方法和观察顺序。根据观察对象的多寡，可以分为个别观察和比较观察；根据观察对象的类型，可分为物体观察、现象观察等。不管用哪种观察方法，学前儿童在观察时，均需要按照一定的顺序来进行观察。一般来说，教师在引导学前儿童进行观察时，一般顺序是由上至下、由左及右、由表及里；可以先近后远，可以先整体后局部，也可以反过来观察。总而言之，引导学前儿童观察时一定要让其按照一定的顺序进行有序观察，从而让他们学会如何全面、细致、有目的地去观察。

案例 1-3-4

高鑫想要搭建一座立交桥，他拿着一张立交桥的照片走到建构区，观察了一会儿照片后说："这个桥好大好多层啊，上面还有好多汽车呢！"他把一些长方体的和小正方体的积木拿到了空地上，并和旁边的小朋友说："这一块是我要搭立交桥的地方，你们不要把积木放过来了。"老师问他："你要如何搭建立交桥？"他说："就是要搭一个上面下面都可以走车的桥。"大约 5 分钟之后，他停了下来，老师走过去一看，发现他把积木上下两层重叠着放在地面上，做成了两层没有缝隙的桥面。他告诉老师："我搭好了桥，但我不知道车子怎样可以上来。"老师让他再看一下照片上的立交桥，上下两层之间是不是有很大的空间，接着指导他把积木斜放在桥面和地面之间，他很快又用同样的办法将另一边的桥面与地面连接起来。很快，两层的立交桥就搭建好了。（图 1-7）

图 1-7　建构区的观察学习

五、探索发现式学习法

探索发现式学习法是指学前儿童通过发现和探索，获得大量的感知经验和亲身体验，从而掌握初步的数学知识和技能的方法。使用这种学习方法时，教师首先要创设适合学前儿童探索、发现的环境，提供充分的探索、发现机会，让学前儿童在轻松自由的环境中自由探索；要相信学前儿童有探索、发现的能力；给学前儿童自由发现提供支持和引导，并在学前儿童探索活动中和探索、发现结束后及时地给予他们肯定和鼓励。例如，有些幼儿园专门建立了"探索发现室"，划分出了物理现象探索区、化学现象探索区、生物区、科技区、木工区等。由于学前儿童注意力的稳定性差，而数学学习相对枯燥，因此他们很难在数学学习中保持长久的注意力，但是如果我们为其提供探索、发现的条件和机会，让他们在玩中学，在原有水平上获得新的经验，那么这样既能完成数学学习的目标，又能培养学前儿童的学习兴趣，发展学前儿童的数学思维。(图 1-8)

图 1-8　丰富的材料为学前儿童探索、发现提供支撑

【练习与应用】

一、判断题

1. 探索发现式学习法有助于帮助学前儿童保持注意力集中。(　　　)

2. 在学前儿童数学教育中要综合使用多种教育方法，以提升教育效果。(　　　)

3. 日常生活活动是对学前儿童进行数学启蒙教育的重要途径。(　　　)

4. 观察能力是天生的，有的儿童善于观察，有的儿童不能很好地使用观察法。(　　　)

5. 在学前儿童数学学习中讨论式学习法起的作用不大，对学前儿童数学学习的帮助有限，不提倡使用。(　　　)

二、填空题

1. _____是指学前儿童通过发现和探索，获得大量的感知经验和亲身体验，从而掌握初步的数学知识和技能的方法。

2. _____是学前儿童学习的主要方法，主要是指通过用感官直接接触，如视觉、听觉、触觉等，来认识客观世界。

3. _____是指教师和学前儿童围绕某个问题或主题进行沟通、交流，自由地发表自己的想法和意见，表达自己的感受和经验的方法。

4. _____是给学前儿童提供合适的材料和环境，在教师的指导下或学前儿童自己进行操作探索，获得有关知识或经验的方法。

三、案例分析题

3个小朋友在搭建戏台，在搭建台基时，肖程有过和奶奶观赏戏曲的经验，便先立起4根柱子，另外两个小朋友就去拿长板架在上面。这时，他们发现了问题。刘乐说："这样就不能再往上搭屋顶了。"肖程说："对，就不要这些柱子了。"3个小朋友继续搭。在搭建前面的柱子时，上方的横条一直放不牢固。孩子们都用了自己的方法来尝试固定，最后刘乐和肖程合作才将前方的柱子搭建成功。之后，肖程突然从角色区拿来了4个戏曲木偶，放在了戏台上，并哼唱着："我这里将大姐也有一比呀啊，胡大姐。"李子宸也拿起了一个木偶："唉。"他们便唱起来了。

看到孩子们都很开心，老师说："你们的戏台搭建好了，可是看戏的人坐在哪里呢？唱戏的人应该在哪里准备呢？"于是孩子们又开始搭建后台、座椅和楼梯等。

请结合案例分析，学前儿童学习数学的方法有哪些？

任务4 学前儿童数学学习目标

学前儿童数学学习目标是指在数学学习活动开始之前设定的对学习结果的一种预期，规定了学前儿童数学学习的方向。在确定学前儿童数学学习目标时，我们既要考虑学前儿童身心发展的特点和可能性，又要结合学前儿童数学的学科特点以及学前儿童数学教育目标来综合考量。

"学前儿童数学学习目标解读"微课

《幼儿园教育指导纲要（试行）》（以下简称《纲要》）用一句话概括了学前儿童数学学习的总目标"能从生活和游戏中感受事物的数量关系并体验到数学的重要和有趣"。《指南》则将其分解成三条："初步感知生活中数学的有用和有趣""感知和理解数、量及数量关系""感知形状与空间关系"。《指南》与《纲要》都强调学前儿童数学学习要生活化，追求学前儿童数学学习的趣味性；将学前儿童数学学习品质的养成作为首要目标，其次是能力的培养，最后才是数学知识的掌握。

"学前儿童数学活动目标制定"微课

一、初步感知生活中数学的有用和有趣

学前儿童的数学学习并非局限于学习数与形的知识、概念和相关技能，更重要的是要使学前儿童的数学认知能力得到提升；能够正确理解和运用所学的数学知识；树立对待数学学习的正确态度，培养数学学习能力和兴趣。具体来说包括如下三点。

首先，是发现数学与日常生活的联系。现实生活中许多物体都具有数、量、形的特征，都可以用数学的工具来描述它们的特性及相互关系。学前儿童的一日生活中到处都有数学内容。因此，学前儿童的数学学习，应密切联系生活实际，让他们认识到数学知识在实际生活中的有用之处，让他们意识到数学不是抽象意义上的概念，而是与自己的生活紧密相关的。

其次，是尝试用数学解决生活问题，能够意识到生活中的很多问题都可以运用数学的方法来解决，初步培养学前儿童解决问题的能力。日常生活中的很多问题都可以归结为数学问题。数学提供了一种量化的方法，它帮助我们认识世界，解决日常生活中遇到的各种问题，数学在日常生活中有很多应用。学前儿童所遇到的数学问题往往是和日常生活与游戏相关的，如食物的分配、玩具的分享、人数的比较、大小的比较、简单的方位辨别等。学前儿童在积累了一定的数学知识经验后，面对一定的问题情境，如果能够在问题情境和已有数学经验之间建立某种连接，那么问题就能够得到解决了。

最后，是认识到兴趣在数学学习中的重要性。兴趣是一种积极的情感唤醒状态和认识倾向，它是学前儿童从事各种活动的内在动力。在学前阶段，关注学前儿童对数学学习的兴趣具有重要意义，兴趣不仅能激发学前儿童对周围环境进行主动探索，丰富学前儿童的感知经验，还可以使学前儿童入学后减少对数学学习的焦虑，进而喜欢上数学学习。

二、感知和理解数、量及数量关系

根据《指南》中的要求，学前儿童需要掌握一些常见的数学知识和技能，培养一定的数学能力，具体包括量的比较、基数概念、序数概念、集合比较、加减运算、数的表达与交流等内容。

在"量的比较"方面，涉及对物体的大小、多少、长短、粗细、面积、容量等量的认识及测量。

在"基数概念"方面，《指南》中仅对小班儿童掌握基数概念做了要求，"能手口一致地点数 5 个以内的物体，并能说出总数。能按数取物"。而序数概念比基数概念产生得要晚，《指南》对中班儿童提出了"会用数词描述事物的顺序和位置"的要求。

在"集合比较"方面，在数数能力发展较好的基础上，要求小班儿童能通过——对应的方法比较两组物体的多少；中班儿童能够通过数数比较两组物体的多少。

在"加减运算"方面，主要是一些针对中、大班儿童的学习目标，侧重于让儿童理解加减运算的实际意义，要求中班儿童"能通过实际操作理解数与数之间的关系，如5比4多1；2和3合在一起是5"；大班儿童能够"借助实际情境和操作（如合并或拿取）理解'加'和'减'的实际意义""能通过实物操作或其他方法进行10以内的加减运算"。这部分目标主要是对加减运算的技能提出了一定的要求。

在"数的表达与交流"方面，主要要求小班儿童"能用数词描述事物或动作"；中班儿童"会用数词描述事物的排列顺序和位置"。这些都是为了让学前儿童能够把已获得的数学知识和经验运用到日常生活中，初步学会用数学语言表达自己的需求。

三、感知形状与空间关系

形状和空间是几何数学的初级形态，学前儿童在感知物体的形状与空间关系中需要学习几何形体的名称、特征、类别和简单的组合关系，理解空间概念、方位、运动方向和空间表征。学前儿童能够对常见的几何形体进行识别、命名、建构、绘画、比较、区分，并能够对其进行分类和组合。对小班儿童要求能够掌握圆、三角形、长方形、正方形、椭圆和半圆等简单的几何形体；对中班儿童则要求"能感知物体的形体结构特征，画出或拼搭出该物体的造型""能感知和发现常见几何图形的基本特征，并能进行分类"；对大班儿童要求"能用常见的几何形体有创意地拼搭和画出物体的造型"。

空间关系主要涉及的是学前儿童对方位概念的认知，《指南》中提出，小班儿童应"能感知物体基本的空间位置与方位，理解上下、前后、里外等方位词"；中班儿童应"能使用上下、前后、里外、中间、旁边等方位词描述物体的位置和运动方向"；大班儿童应"能按语言指示或根据简单示意图正确取放物品""能辨别自己的左右"。

相关链接

表1-1　《指南》中关于数学学习的目标与要求

目标1　初步感知生活中数学的有用和有趣

3～4岁	4～5岁	5～6岁
1. 感知和发现周围物体的形状是多种多样的，对不同的形状感兴趣 2. 体验和发现生活中很多地方都用到数	1. 在指导下，感知和体会有些事物可以用形状来描述 2. 在指导下，感知和体会有些事物可以用数来描述，对环境中各种数字的含义有进一步探究的兴趣	1. 能发现事物简单的排列规律，并尝试创造新的排列规律 2. 能发现生活中许多问题都可以用数学的方法来解决，体验解决问题的乐趣

目标 2　感知和理解数、量及数量关系

3～4 岁	4～5 岁	5～6 岁
1. 能感知和区分物体的大小、多少、高矮、长短等量方面的特点，并能用相应的词表示 2. 能通过一一对应的方法比较两组物体的多少 3. 能手口一致地点数 5 个以内的物体，并能说出总数。能按数取物 4. 能用数词描述事物或动作。如我有 4 本图书	1. 能感知和区分物体的粗细、厚薄、轻重等量方面的特点，并能用相应的词语描述 2. 能通过数数比较两组物体的多少 3. 能通过实际操作理解数与数之间的关系，如 5 比 4 多 1；2 和 3 合在一起是 5 4. 会用数词描述事物的排列顺序和位置	1. 初步理解量的相对性 2. 借助实际情境和操作（如合并或拿取）理解"加"和"减"的实际意义 3. 能通过实物操作或其他方法进行 10 以内的加减运算 4. 能用简单的记录表、统计图等表示简单的数量关系

目标 3　感知形状与空间关系

3～4 岁	4～5 岁	5～6 岁
1. 能注意物体较明显的形状特征，并能用自己的语言描述 2. 能感知物体基本的空间位置与方位，理解上下、前后、里外等方位词	1. 能感知物体的形体结构特征，画出或拼搭出该物体的造型 2. 能感知和发现常见几何图形的基本特征，并能进行分类 3. 能使用上下、前后、里外、中间、旁边等方位词描述物体的位置和运动方向	1. 能用常见的几何形体有创意地拼搭和画出物体的造型 2. 能按语言指示或根据简单示意图正确取放物品 3. 能辨别自己的左右

【练习与应用】

一、单项选择题

1. 下列选项不属于确定学前儿童学习目标的依据的是（　　　）。

A. 学前儿童身心发展的特点和可能性

B. 学前儿童数学教育目标

C. 家长的要求

D. 学前儿童数学的学科特点

2. 能按语言指示或根据简单示意图正确取放物品，是对（　　　）儿童的要求。

A. 托班　　　　　　　　　B. 小班

C. 中班　　　　　　　　　D. 大班

3. 能手口一致地点数，并能说出总数和按数取物，反映的是学前儿童（　　　）的学习目标。

A. 基数概念　　　　　　　B. 序数概念

C. 形状知觉　　　　　　　D. 大小知觉

4. 下列仅属于大班儿童学习内容的是（　　　）。

A. 大小 　　　　　　　　　　　B. 长短

C. 量的相对性 　　　　　　　　D. 多少

二、判断题

1. 儿童数概念的发展在很大程度上是一种后天的学习和建构，需要对大量的感性经验和自己的操作经验进行反思。（　　　）

2. 儿童数数时的点数动作对形成抽象的数学概念而言有重要作用。（　　　）

3. 数学学习是一项枯燥的任务，对于学前儿童来说有很大的挑战，需要成人严格要求才能保证学习效果。（　　　）

4. 学前儿童数学学习的目标之一是感知生活中的数学，体验数学在生活中的应用。（　　　）

三、简答题

简述学前儿童数学学习的目标。

任务5　学前儿童数学学习内容

根据《指南》《纲要》等学前教育政策法规的相关规定，只有那些既符合学前儿童认知发展水平且兼顾学前儿童的生活经验，同时又符合数学的学科特点的知识、技能才能作为学前儿童数学学习的内容。诸多学前教育研究者也对学前儿童数学学习内容与学前儿童数学发展的核心经验做了研究和划分。综合以上研究，我们认为可以从集合与模式、数与运算、图形与空间、量的比较与测量这几个方面来阐述学前儿童数学学习内容。

表 1-2　学前儿童数学教育具体内容及各年龄段目标①

内容	小班	中班	大班
集合与模式	1. 学习用一一对应的方法比较两组物体的数量，感知"多""少"和"一样多" 2. 感知、比较和描述物体的特征 3. 按照某一外部特征，对 5 个以内的物品进行分类 4. 理解并掌握与分类有关的词语，如"一样""不一样""放在一起""都是"等相关词语 5. 对模式现象感兴趣，能观察生活环境中存在的模式序列 6. 能够识别"AB—ABA""AA—BB"等模式 7. 尝试通过一一对应的方式复制模式序列	1. 按物体的外部特征和量的差异进行分类 2. 按物体的简单用途进行分类 3. 理解并掌握有关分类的词汇，如"合起来""分开""合成"等 4. 发现身边常见的重复和递增模式 5. 动手尝试创造模式序列	1. 从不同角度把握事物的共同特征，进行多维度分类 2. 自由分类并提出符合逻辑的分类标准 3. 按照物体的用途、数量等一些更抽象的标准进行分类 4. 能够扩展更为复杂的递增模式序列，如"AB—BB"或"ABC—ABD"模式 5. 能够独立创造出更多的模式结构，并能用简单的语言进行描述和概括 6. 将模式知识应用到日常生活中，识别和发现生活环境中的模式序列 7. 学会完成一些递增模式任务的策略，尝试总结模式发展的规律
数与运算	1. 学习手口一致地点数 5 个以内的物体，并说出总数；能按指定数量或者实物范例取物 2. 掌握正确的计数方法 3. 感知和理解 5 以内的基数的含义 4. 能用数词描述事物或动作，如"我有 4 本图书" 5. 能通过一一对应的方法比较两组物品的多少	1. 感知和体验 10 以内自然数列中相邻两数的等差关系 2. 学习不受物体空间排列形式和物体大小等外部因素的干扰，正确判断 10 以内的数量 3. 能通过数数的方法比较两组物体的多少 4. 理解序数的含义，能用序数词正确表示 10 个以内事物的排列顺序和位置	1. 学习 10 以内的顺着数和倒着数，以及按群计数 2. 感知 10 以内数的组成，初步理解总数与部分数以及部分数之间的关系 3. 初步理解加减的含义并用多种方法进行 10 以内的加减运算 4. 能用简单的记录表、统计图表示简单的数量关系 5. 认读 10 以内的数字

---

① 周端云、段志勇：《幼儿数学教育与活动指导》，14～16 页，武汉，武汉大学出版社，2015。

内容	小班	中班	大班
图形与空间	1. 能注意物体较明显的形状特征，并能用自己的语言描述 2. 能感知物体的上下、前后、里外等方位，并理解这些方位词的含义 3. 能够匹配、指认、命名圆、三角形、正方形	1. 能用方位词描述物体的位置和移动方向 2. 能正确匹配、指认、命名长方形、梯形、椭圆，认识图形的基本特征 3. 理解图形之间的简单关系，自由地进行简单拼图	1. 能以自身为中心区分左右 2. 能感知空间方位的相对性和传递性 3. 在日常生活中正确运用空间方位词 4. 感知球、正方体等几何体的基本特征 5. 能用常见的几何形体有创意地拼搭和画出物体的造型
量的比较与测量	1. 会用观察、比较的方法，区别两个大小、长短差别明显的物体，正确运用"大小""长短"等词汇 2. 能按物体外部特征差异进行 3 个或 4 个以内物体的正排序	1. 能区别物体的高矮、粗细、厚薄、宽窄、轻重等量的差异 2. 能从 5～6 个物体中，找出最细的、最高的和最矮的等，能从中找出等量物体 3. 能进行 7 个以内物体的正、逆排序，会按一定规律对物体进行排序	1. 形成量的守恒的初步概念，知道当物体的外形、摆放位置发生变化时，它的量不变 2. 能按物体量的差异和数量的不同（10 个以内）进行正、逆排序，初步体验序列之间的传递性、双重性及可逆性关系，并会说明理由 3. 学会用目测和自然测量的方法比较物体的长短、高矮、宽窄、厚薄等，能正确表达测量结果 4. 能感知测量标准与测量结果之间的关系

【练习与应用】

一、单项选择题

1. 引导学前儿童感知和理解事物"量"的特征时，恰当的做法是（　　）。

A. 引导学前儿童感知常见事物的大小、高矮、粗细等

B. 引导学前儿童识别常见事物的形状

C. 和学前儿童一起手口一致地点数物体，并说出总数

D. 为学前儿童提供"按数取物"的机会

2. 关于学前儿童数学学习的内容，最恰当的一项是（　　）。

A. 数、量、形

B. 数、形、时间和空间

C. 感知集合、数、形、量

D. 感知集合、数、形、量、时间和空间

3. 关于学前儿童数学教育的目标，下列说法不正确的是(　　)。

A. 帮助学前儿童掌握数学知识，最好能够学习一年级的数学内容，以适应小学学习

B. 培养学前儿童对数学学习的兴趣比积累数学知识更重要

C. 培养学前儿童的数学能力

D. 让学前儿童熟悉生活中常见的数量关系

4. 学前儿童获得空间方位知觉的顺序是(　　)。

A. 左右—上下—前后　　　　　　　B. 前后—上下—左右

C. 上下—前后—左右　　　　　　　D. 以上选项都不对

5. 学前儿童掌握图形的顺序，由易到难是(　　)。

A. 三角形—正方形—圆—半圆—长方形

B. 圆—半圆—三角形—正方形—长方形

C. 圆—正方形—三角形—半圆—长方形

D. 圆—正方形—长方形—三角形—半圆

二、判断题

1. 学前儿童可以学习 10 以内的加减乘除运算。(　　)

2. 小班儿童可以感知和理解 5 以内的基数的含义。(　　)

3. 一般而言，小班儿童能够做到以自身为中心辨别左右方位。(　　)

4. 经过正确的引导，学前儿童可以分辨物体的大小、多少等特征。(　　)

5. 学前儿童认知能力有限，理解不了集合的含义，更做不到比较两个集合中元素数量的多少。(　　)

拓展阅读

1. 人民教育出版社中学数学室 . 数学文化[M]. 北京：人民教育出版社，2003.

2. [日]远山启 . 数学与生活[M]. 吕砚山，等译 . 北京：人民邮电出版社，2010.

3. [美]罗莎琳德·查尔斯沃斯 . 3～8 岁儿童的数学经验(第五版)[M]. 潘月娟，译 . 北京：人民教育出版社，2007.

4. 李季湄，冯晓霞 .《3—6 岁儿童学习与发展指南》解读[M]. 北京：人民教育出版社，2013.

5. [韩]马仲物，朴贤珠 . 很特别的音乐故事[M]. 夏艳，译 . 长春：长春出版社，2009.

实践训练

1. 绘制学前儿童数学教育内容思维导图。
2. 绘制学前儿童数学学习途径与方法思维导图。

学习评价与反思

_____

_____

_____

_____

_____

_____

项目二　学前儿童集合与模式学习指导

项目导入

视频《美丽的项链》

思考：此视频与学前儿童数学教育的哪一个内容有关？幼儿园教师应具备的指导能力有哪些？

思维导图

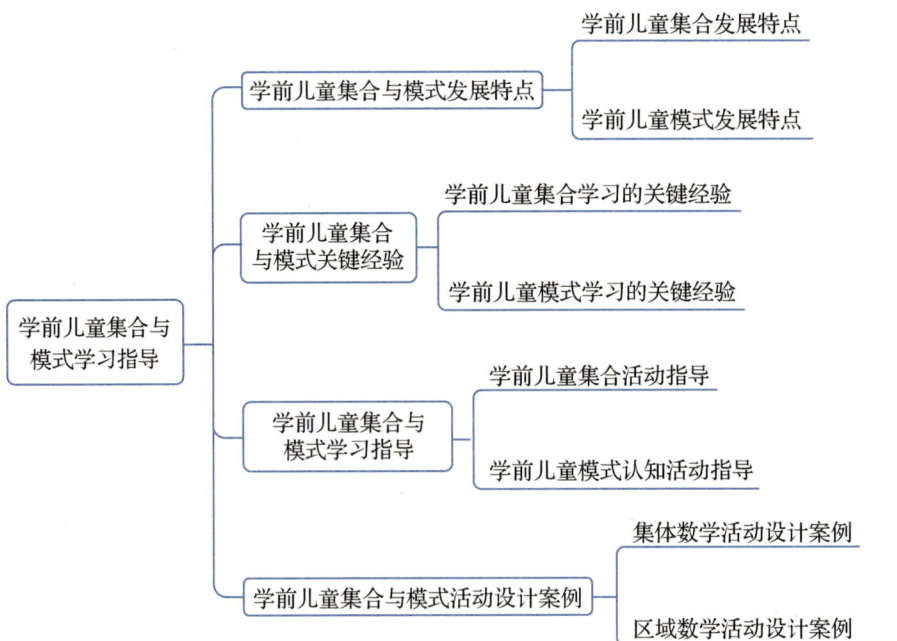

学前儿童集合与模式学习指导
- 学前儿童集合与模式发展特点
  - 学前儿童集合发展特点
  - 学前儿童模式发展特点
- 学前儿童集合与模式关键经验
  - 学前儿童集合学习的关键经验
  - 学前儿童模式学习的关键经验
- 学前儿童集合与模式学习指导
  - 学前儿童集合活动指导
  - 学前儿童模式认知活动指导
- 学前儿童集合与模式活动设计案例
  - 集体数学活动设计案例
  - 区域数学活动设计案例

学习目标

1. 体会集合对于学前儿童数学学习的重要性和基础性，体会生活中万千事物的规律性，乐意探索生活中的各种模式。
2. 掌握集合与模式学习中的发展特点、关键经验、指导策略。
3. 能科学地指导集合与模式活动。

典型案例 ▶

操场上，教师正在和孩子们一起玩"占圈圈"的游戏，地上放着红、绿两个塑料圈。教师发出口令，如男孩回到红色的"圈圈家"里，女孩回到绿色的"圈圈家"里，孩子们按照口令各自奔向自己的"家"，以安全地躲避大灰狼。在重复的游戏中，教师的口令不断变化，根据孩子们的衣服颜

> 想一想：此案例与学前儿童数学学习的哪个内容相关？是哪个年龄班的活动呢？为什么？教师用了何种指导策略？

色、鞋子种类、身上饰物、头发长短等特征给出有区分性的提示，等孩子们熟悉了这个游戏以后，教师问孩子们："你们谁想来试试做一个发口令的人呢？""我们还可以怎样发口令让大家都能安全地躲到家里去呢？"①

知识储备

任务1 学前儿童集合与模式发展特点

一、学前儿童集合发展特点

(一)集合相关知识

在数学中，把具有某种共同属性的一类确定对象所组成的整体称为集合。组成集合的每一个对象叫作这个集合的元素。一般地，集合中的元素具有以下三个性质。

"学前儿童集合
发展特点"微课

1. 确定性

集合中的元素一定要是明确的，不能有模棱两可、含混不清的情况。比如，设 A 是一个给定的集合，a 是某一个具体的对象，则 a 是 A 的元素，或者 a 不是 A 的

---

① 黄瑾、田方：《学前儿童数学学习与发展核心经验》，18页，南京，南京师范大学出版社，2015。

元素,两种情况中必有一种且只有一种情况出现。比如,"可爱的小朋友"就不能看作一个集合,因为什么样的小朋友算可爱是难以确定的,所以不能形成一个集合。

2. 互异性

集合中的元素必须是互异的。也就是说,对于一个给定的集合,它的任何两个元素都是不同的。即集合中的元素是不重复的,两个或者两个以上的相同元素都被认为是一个元素,在用列举法表示时也只能写一个,如一个集合可以表示为{1,2},但不能表示为{1,2,2}。

3. 无序性

集合中的元素不考虑顺序,对于元素相同而排序不同的集合,我们认为是相同的集合,如集合{1,2,3,4}与集合{2,4,3,1}是相同的集合。

(二)学前儿童感知集合发展阶段及其特点

学前儿童感知集合经历了四个阶段,分别是对集合的笼统感知阶段、感知有限集合界限阶段、准确感知集合元素阶段,以及感知集合类包含关系阶段。下面重点阐述3～6岁儿童的集合发展阶段及发展特点。

1. 感知有限集合界限阶段(3～4岁)

这一阶段的学前儿童能感知有限集合的界限,具体有如下一些特点。

对集合中元素的知觉从泛化向精确过渡。能用一一对应的方法确定两个集合中元素的个数是等量的还是不等量的。例如,会用一个碗里放一个勺子来确定碗和勺子数量的多少。实验证明,有50%的3岁半儿童能用一一对应的策略比较数量的多少,4岁儿童中会使用此策略的高达84%。

有头尾界限感了。用重叠法感知集合元素时,大多数儿童能不超出头尾界限。如图2-1,在空隙处多放了几粒扣子作为增加的元素,有少部分儿童能精确地进行一一对应。

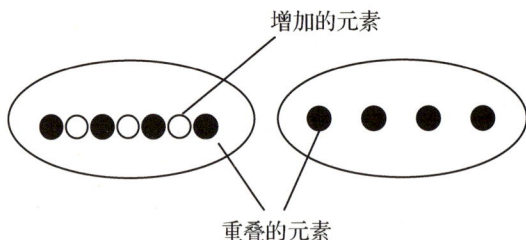

图 2-1　学前儿童感知有限集合界限操作图

会分类,但只会按照物体明显的外部特征进行分类,如大小、颜色、形状、长短等;不能自己确定分类标准,可以在教师的示范下进行分类,或者按教师的指令进行分类;不是所有学前儿童都能用语言准确表达分类标准。

不能理解类包含关系。当问此阶段的儿童是汽车多还是大汽车多时,大部分会说大汽车多,因为大汽车大。

2. 准确感知集合元素阶段(4~5 岁)

学前儿童到了 4~5 岁,一般会进入数量感知阶段,能准确感知集合及其元素的数量。

多数学前儿童会使用计数方法来准确感知集合中的元素数量,并确定两个集合元素数量的等量与不等量关系。

此时学前儿童除了能按照物体的外部特征进行分类,还能根据物体的简单用途和数量进行分类。可以自己制定分类标准,能用语言表达自己是如何分类的。

此阶段学前儿童对类包含概念认识得比较模糊,在直观条件下,知道整体大于部分,但不能确定部分之和与整体的关系。当把一个苹果分成 4 份,问原来的苹果大还是切开后的 4 份苹果大,学前儿童就不能确定了。有人做过这样的实验,给学前儿童呈现并排放着的三只背救生圈的小猪,其中两只穿红裤衩,要求学前儿童回答:"背救生圈的小猪多还是穿红裤衩的小猪多?请说明理由。"结果表明,4 岁儿童能正确回答的只占总数的 5%,而 5 岁儿童可达 45%。这说明 4~5 岁儿童对类包含关系的理解能力发展较快,但对类包含关系的理解还处于初级阶段。

3. 感知集合类包含关系阶段(5~6 岁)

5~6 岁的儿童一般达到了初级的集合运算阶段。

学前儿童能发现一个物体往往不止一种属性。学前儿童不仅能按照物体外部或内部的一个属性对物体进行分类,还能按物体的两种及以上特征进行分类。例如,从一组不同颜色、不同大小和形状的几何图片中把红的、大的图片拿出

> 想一想:感知集合类包含关系阶段的学前儿童集合发展呈现哪些特点?

来,或者把大的、圆形的图片拿出来等。能自主提出分类标准并用语言表达与交流。可按照一级类概念分类,如给学前儿童呈现西红柿、苹果、青菜、葡萄、辣椒、茄子等物品时,学前儿童会把西红柿、青菜、辣椒、茄子放在一起,理由是它们都是蔬菜,把苹果、葡萄等放在一起,因为它们是水果。

在一定的教育条件下,能较好地理解集合与子集的包含关系。因此,可以对此阶段的学前儿童进行数的组成、加减运算等内容的教学。

总的来说,学前儿童对集合的感知是由笼统到精确的:对集合数量感知越来越精确;能分类的集合元素数量越来越多,分类标准越来越多,分类层次越来越复杂,分类语言越来越丰富;从由教师提出分类标准向自主分类过渡。

二、学前儿童模式发展特点

(一)模式的相关知识

模式是按照一定顺序重复出现的、有规律的事物和现象,由一些有结构的单元构成。有规律的图案、花纹、动作、声音、数字等都构成了一定的模式,重复部分即模式单元。模式

"学前儿童模式含义及类型"微课

反映了客观事物和现象中本质的、稳定的、重复出现的关系。模式具有重复性、可预测性、结构完整性等特点。

1. 重复性

重复性是模式的首要特点。不断重复的部分就构成了模式的结构。四季的交替更迭，白天黑夜的交替出现，走路时双腿交替前进，串珠顺序依次为"圆—三角形—圆—三角形……"这些都体现出了模式的重复性。

2. 可预测性

模式的可预测性是指可以根据已知的模式结构推测出未知的模式结构。模式的重复性决定了模式的可预测性。例如，在"圆—方形—三角形—圆—方形—三角形—圆—方形—三角形……"的模式中，根据已知的结构可以推测接下来的排列也是"圆—方形—三角形"。

3. 结构完整性

模式序列的结构就是模式中的重复部分，模式就是由这些不断重复的单元结构所构成的。结构完整性是指每一个模式都是由一个个完整的单元结构按一定规律排列组合而成的。

(二)学前儿童模式发展特点

1. 各年龄阶段的不平衡性

学前儿童模式认知能力的发展在各年龄阶段表现出了不平衡性。学前儿童模式认知能力发展的过程中存在着两个快速增长期：一是 4～5 岁，该阶段儿童的模式认知能力的发展表现为模式复制与扩展能力迅速发展；二是 5～6 岁，该阶段儿童模式认知能力的快速发展表现为能够认知更多的模式结构，其模式创造与模式应用能力的发展也比较迅速。例如，案例 2-1-1 中，尽管都是大班的孩子，但是每个孩子的发展水平也不一样。

📝 案例 2-1-1

在大班数学活动"蜈蚣叔叔的袜子"的最后一个环节中，教师请小朋友自己画蜈蚣。教师问："蜈蚣应该穿什么衣服呢？"斌斌很早就有了自己的想法，立即举手，告诉教师："蜈蚣的衣服是由很多花纹组成的，不同花纹有不同的颜色。"教师分发了蜡笔，让小朋友们自己给蜈蚣画衣服。斌斌边画边说："我要给蜈蚣穿三种颜色的衣服。"只见他画的蜈蚣身上的衣服是按"红、黄、蓝，红、黄、蓝，红、黄、蓝……"的规律排列的。其他小朋友一般都只画了两种颜色，有"红、绿，红、绿，红、绿……""红、黄，红、黄，红、黄……"等，孩子们都按自己的喜好给蜈蚣穿上了条纹衣服。

2. 能力随年龄的增长而不断提升

学前儿童的模式认知能力随年龄的增长而不断提升。通过研究，皮亚杰认为，婴儿就能够感知到模式，他们最初感知到的是空间上的模式，如房间里按规律摆放的家具、重复出现的有规律的动作等。此外，在研究中，他将儿童的模式发展分为六个阶段，并且指出这六个阶段中不同阶段之间都是相互联系、相互衔接的，前一阶段是后一阶段的基础，后一阶段是前一阶段的发展。①描述顺序阶段。在该阶段儿童能够按照事物间的大小、颜色、图形、数量等方面的联系来理解和辨识事物间的顺序。②描述和建构线型模式阶段。即儿童能够理解、辨识和创造由直线、曲线、Z形线、环形线或宽线、细线组成的线型模式。③复制一个次序阶段。儿童能够按照事物之间已经存在的顺序规则来进行复制，使事物间的连接关系继续保持下去。④创建一个次序阶段。儿童能够创建一个顺序规则并按这种顺序规则将多种事物连接组合。⑤构建一个模式阶段。儿童能够在创建一个次序的基础上反复地按一定规律复制该次序，使之成为一个模式。⑥认识循环模式阶段。儿童能够认识到循环模式是一种封闭型的模式，模式中的顺序规则是不间断地、可以永远地循环往复下去的。①

案例 2-1-2

罗莎老师和 4 个孩子一起组装火车。丹尼尔一直在重复橘蓝的间隔模式，直到用完了所有橘色和蓝色的方块，并宣布自己完成了。里奥模仿丹尼尔的模式，他间隔地摆放方块，但并不限于两种颜色，而是随机选择颜色。所以他开始时用的是橘色和蓝色的，之后用的是白色和黄色的，最后用的是绿色和棕色的。最小的孩子乔茜，根据颜色来选择她的方块，组合了一辆红色的火车。罗莎老师注意到艾丽西亚从中间开始搭建火车，之后再在两边分别放上相同颜色的方块，最终呈现出了对称的设计。②

3. 模式类型认知的顺序性

（1）学前儿童最早掌握的是重复性模式

在学前儿童早期模式认知能力的发展过程中，学前儿童对不同类型的模式的认知存在一定的顺序性。一般来说，重复性模式是学前儿童最早识别和掌握的模式类型。

---

① 张迎春：《运用多元表征教学策略促进大班幼儿模式能力发展的行动研究》，硕士学位论文，河北大学，2018。

② 美国埃里克森儿童发展研究生院早期数学教育项目组：《幼儿数学核心概念：教什么？怎么教？》，张银娜、侯宇岚、田方译，95 页，南京，南京师范大学出版社，2015。

学前儿童在生活中接触较多的也是重复性模式，而此种模式在认知过程中，只要进行简单加工就可以了，对思维能力的要求不高，因而认知起来就比较容易。例如，"早上、中午、下午、晚上，早上、中午、下午、晚上，早上、中午、下午、晚上……""入园、离园—入园、离园—入园、离园……"等简单的模式序列，都是学前儿童每天经历，且能理解的。

（2）学前儿童对发展性模式的认知有一定困难

发展性模式是指模式的基本单元按一定的规律不断发展变化。在认知过程中，学前儿童容易把发展性模式误认为是重复性模式。出现这种状况的原因是发展性模式对学前儿童的概括推理能力的要求较高。学前儿童的抽象逻辑思维能力尚处于萌芽阶段，其直觉行动思维占据主导地位，很难从本质上对一组事物的规律性特征进行预测与推断，所以很难理解发展性模式。

（3）学前儿童比较容易理解直观形象的模式

学前儿童的思维具有直观形象的特点，其在理解以实物、声音、动作、图像等为表现形式的模式时，既有较浓厚的兴趣，也能较容易地理解和完成任务。而对于用抽象的字母、数字或符号来表现的模式，认知起来则比较困难。案例 2-1-3 中，孩子们几天来都喜欢在数学区玩，这是因为孩子们对于具体的、可以操作的模式学习更容易产生兴趣。

案例 2-1-3

几天来，在区域活动时间，4 位小朋友组成一个小组，聚在靠近数学区的地板上玩套索方块"火车"。他们的目标是做长长的火车，看谁的火车离教室门最近。但是，今天罗莎老师发现孩子们的注意力转移到了方块的颜色上，并开始讨论制作"模式"。她听到丹尼尔说："我的火车是橙、蓝，橙、蓝，橙、蓝……这个模式的！"艾丽西亚说："我的火车也有一个模式。"乔茜和里奥似乎对制作模式非常好奇，他们拆开了自己的长火车，开始构思新的组合方式。[①]

4. 模式能力发展的顺序性

学前儿童模式能力的发展表现出了一定的顺序性。研究表明，学前儿童模式能力发展的顺序性表现为：模式识别→模式复制→模式扩展→模式创造→模式比较与转换→模式描述与交流。[②] 学前儿童模式能力的顺序性发展与学前儿童的思维发展特点相适应，是由易到难、由具体到抽象的过程。学前儿童在模式学习过程中，最

---

① 美国埃里克森儿童发展研究生院早期数学教育项目组：《幼儿数学核心概念：教什么？怎么教？》，张银娜、侯宇岚、田方译，93 页，南京，南京师范大学出版社，2015。

② 黄瑾：《学前儿童模式认知的发展与教育活动设计》，载《幼儿教育》，2012(7)。

早能识别的是模式的基本单元和其中的元素，随着学前儿童思维能力的发展、抽象逻辑思维的萌芽，模式能力也在逐步发展。在学前儿童模式能力的发展过程中，其将模式知识运用于生活中的能力也在不断增强。

案例 2-1-4

罗莎老师邀请了一个小组到毯子这边来，丹尼尔和艾丽西亚在里面。她给他们介绍了有关动作模式的活动，并提出一个问题："你能做一个与我的动作模式一样的方块'火车'模式吗？"她开始做动作，"啪、哒、啪、哒、啪、哒……"，一开始孩子们看起来很困惑，但丹尼尔明白过来了说："这就像我的橘色和蓝色的模式！"罗莎老师请他说清楚些，他解释说："啪就像蓝色，哒就像橘色，它们一个接着另一个。"他开始做一个火车来说明。同时，艾丽西亚也开始做一个白色和绿色相间的火车。罗莎老师请她分享，她说："我的模式的白色是啪，绿色是哒。"她指着白色的和绿色的方块慢慢地说："啪、哒、啪、哒、啪、哒……"[①]

【练习与应用】

一、单项选择题

1. 学前儿童模式认知能力发展的过程中，存在着两个快速增长期：一是 4～5 岁；二是 5～6 岁。说明（　　）。

A. 学前儿童模式认知能力发展在各年龄阶段表现出了不平衡性

B. 学前儿童对不同模式类型的认知有一定的顺序性

C. 学前儿童的模式认知能力随年龄的增长而不断提升

D. 学前儿童模式能力的发展表现出了一定的顺序性

2. 学前儿童在模式学习过程中，最早能识别的是模式的基本单元和其中的元素，随着学前儿童思维能力的发展、抽象逻辑思维的萌芽，模式能力也在逐步发展。说明（　　）。

A. 学前儿童模式认知能力发展在各年龄阶段表现出了不平衡性

B. 学前儿童对不同模式类型的认知有一定的顺序性

C. 学前儿童的模式认知能力随年龄的增长而不断提升

D. 学前儿童模式能力的发展表现出了一定的顺序性

3. 皮亚杰将儿童的模式发展分为六个阶段，并且指出这六个阶段中不同阶段之间都是相互联系、相互衔接的，前一阶段是后一阶段的基础，后一阶段是前一阶段

---

① 美国埃里克森儿童发展研究生院早期数学教育项目组：《幼儿数学核心概念：教什么？怎么教？》，张银娜、侯宇岚、田方译，101 页，南京，南京师范大学出版社，2015。

的发展。说明（　　　）。

A. 学前儿童模式认知能力发展在各年龄阶段表现出了不平衡性

B. 学前儿童对不同模式类型的认知有一定的顺序性

C. 学前儿童的模式认知能力随年龄的增长而不断提升

D. 学前儿童模式能力的发展表现出了一定的顺序性

4. 研究表明，学前儿童模式能力发展的顺序性表现为（　　　）。

A. 模式识别→模式复制→模式创造→模式扩展→模式比较与转换→模式描述与交流

B. 模式识别→模式复制→模式扩展→模式创造→模式比较与转换→模式描述与交流

C. 模式识别→模式复制→模式扩展→模式比较与转换→模式创造→模式描述与交流

D. 模式识别→模式扩展→模式复制→模式创造→模式比较与转换→模式描述与交流

5. 学前儿童在理解以实物、声音、动作、图像等为表现形式的模式时，既有较浓厚的兴趣，也能较容易地理解和完成任务。而对于用抽象的字母、数字或符号来表现的模式，认知起来则比较困难。这说明（　　　）。

A. 学前儿童最早掌握的是重复性模式

B. 学前儿童对发展性模式的认知有一定困难

C. 学前儿童比较容易理解直观形象的模式

D. 学前儿童的模式认知能力随年龄的增长而不断提升

二、案例分析题

阅读案例，分析教师的意图及儿童的模式发展能力和特点。

我用铺小路的游戏带领孩子们一起做游戏，我给每位小朋友准备了许多不同颜色的积木。"今天老师要和小朋友一起玩一个铺小路的游戏，看，老师已经铺成了一条彩色的小路，你们看一看这条小路是怎么铺的（黄色、红色，黄色、红色……），然后可以按照这样的规律来铺，把这条小路铺得越来越长。我们从云飞这边开始。"云飞一边放积木，我一边用语言描述："一块黄色的积木、一块红色的积木，一块黄色的积木、一块红色的积木……"

任务 2 学前儿童集合与模式关键经验

一、学前儿童集合学习的关键经验

"学前儿童集合
关键经验"微课

我们先来看什么是关键经验。关键经验最初来自著名的认知发展课程——HIGH/SCOPE 课程。关键经验是该课程的一个核心概念。在该课程中，关键经验是课程设计者希望学前儿童在活动中获得的、对达成教育目标至关重要的学习经验，是通向目标的桥梁。换言之，关键经验是学前儿童发展必须获得的经验，这些经验在学前儿童的经验系统或经验结构中起节点和支撑作用，有利于学前儿童新经验的建构、迁移以及他们对知识的深层理解。

关于集合，学前儿童应获得的关键经验有哪些呢？让我们先看看《指南》中"数学认知"目标中各个年龄段与集合有关的典型表现的描述。（表 2-1）

表 2-1 《指南》中与集合有关的典型表现的描述

小班	中班	大班
1. 能感知和区分物体的大小、多少、高矮、长短等量方面的特点，并能用相应的词表示 2. 能通过一一对应的方法比较两组物体的多少 3. 能手口一致地点数 5 个以内的物体，并能说出总数。能按数取物 4. 能用数词描述事物或动作。如我有 4 本图书	1. 能感知和区分物体的粗细、厚薄、轻重等量方面的特点，并能用相应的词语描述 2. 能通过数数比较两组物体的多少 3. 能感知和发现常见几何图形的基本特征，并能进行分类	1. 初步理解量的相对性 2. 能通过实物操作或其他方法进行 10 以内的加减运算 3. 能用简单的记录表、统计图等表示简单的数量关系

表 2-1 中的内容涉及对集合属性特征的认识，即集合感知，如小班、中班、大班的第 1 条，中班的第 3 条就是对集合外部特征的一种感知；小班的第 3 条和第 4 条则涉及对集合数量属性的感知。其他几条则都跟集合比较有关。对集合特征的感知是集合比较与排序的基础。因此，我们可以判断，学前儿童集合学习的关键经验有三个：第一，可以根据物体的属性对集合进行分类；第二，同一组物体可以按照不同属性进行分类；第三，集合之间可以进行比较和排序。集合感知教育包含三个子内容：分类、1 和许多、一一对应。

分类就是把相同或具有某一共同特征的东西归并在一起。分类包含三个心理动作，依次是区分、排除和归并，三者缺一不可。

认识 1 和许多就是感知集合及其元素间的关系。

一一对应就是指集合 A 中的物品数量与集合 B 中的物品数量是等量的，或者说它们之间的关系是对应的。例如，三个灰色方块与三个白色方块的对应、圆与圆柱的对应、正方形与正方体的对应、长方形与长方体的对应、母鸡与小鸡的对应、蝴蝶与毛毛虫的对应等。一般来说，在幼儿园阶段，主要是让学前儿童学会用一一对应的策略来比较数量的多少。（图 2-2）

数量与数量的对应　　　　　　形状与形状的对应

关联关系对应

图 2-2　各种一一对应关系

对学前儿童进行感知集合的教育，要让学前儿童感知集合的特征及元素，学会用对应的方法比较集合中元素的数量，在此过程中也要将有关集合、子集及其关系的一些思想渗透到整个学前儿童数学教育的内容和方法中，为学前儿童正式学习计数和掌握初步的数概念及加减运算方法奠定感性基础，而不是要学前儿童掌握关于集合的名称和术语，这一点我们要注意。

二、学前儿童模式学习的关键经验

关于模式，学前儿童应掌握的关键经验有哪些呢？《指南》对大班儿童模式学习提出了这样的要求，"能发现事物简单的排列规律，并尝试创造新的排列规律"。根据这一要求，结合其他研究成果，可概括出学前儿童模式学习的三个关键经验，

"学前儿童模式
关键经验"微课

分别是模式的识别、模式的应用和模式的表征。

模式的识别就是能发现组成模式的基本单元，组成单元的基本结构及单元之间隐含的关系。识别同一类型模式、不同类型模式之间的相同点与不同点。（图 2-3）

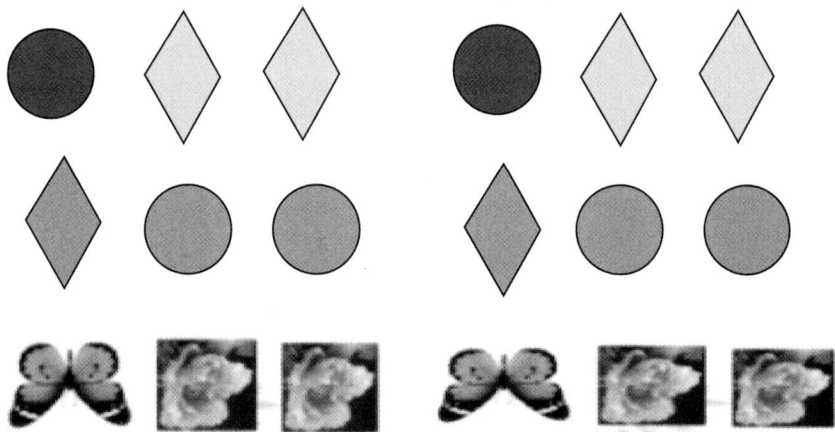

图 2-3　模式图

图 2-3 中第一行中的模式和第二行中的模式的基本单元都是方形和圆，但它们的结构与规则是不一样的。第一行的模式的结构是 1 个圆、2 个方形，规则是圆在前、方形在后；第二行的模式的结构是 1 个方形、2 个圆，规则是方形在前、圆在后。第三行的模式的基本单元是蝴蝶和花，结构为 1 只蝴蝶、2 朵花，规则为蝴蝶在前、花在后。这三个模式都属于重复类型的模式，可用符号表示为 ABB。

在学会识别模式的基础上，学前儿童就可以学习模式的应用。模式的应用包括模式复制、模式扩展及模式创造。模式复制是形成与原有模式结构完全相同的模式，类似"请你像我这样做"；模式扩展是在模式识别的基础上，预测并继续扩展模式，类似"接下来是什么"；模式创造是在了解了模式基本单元及基本特点之后，自行设计和创造新的模式，类似"你可以和他摆得不一样吗"。

模式的表征是指同样的模式结构可以用不同的方式来呈现。对于学前儿童来说，能透过事物的表面，抽象出其共同特征是其思维抽象化发展的关键一步。同一结构的模式可以有不同的表征方式，如"ABB 结构"的模式，可以用"红色、黄色、黄色—红色、黄色、黄色"的积木来表征，也可以用"方形、圆、圆—方形、圆、圆"的串珠来表征，还可以用不同的身体动作来进行表征，如"站、蹲、蹲—站、蹲、蹲"等。教师要提供机会、创设环境，让学前儿童在富有支持性的环境中学会用不同方式来表征同一个模式结构，能抽象概括出多样化表征形式中所隐含的模式结构，并学会用符号来表征。

【练习与应用】

单项选择题

1. ( )由基本单元构成，且单元是有规律的图案、花纹、动作、声音、数字等重复出现的部分。

A. 统计图形 　　　 B. 分类模型 　　　 C. 排序式样 　　　 D. 模式

2. 模式的基本单元会重复出现强调的是模式的( )特点。

A. 单元结构性 　 B. 无限性 　　　 C. 可预测性 　　　 D. 重复性

3. "每一个模式都是由一个个完整的单元按一定的规律排列组合而成的"强调的是模式的( )特点。

A. 单元结构性 　 B. 无限性 　　　 C. 可预测性 　　　 D. 重复性

4. 学前儿童运用"拍手、拍腿"的身体动作来表示"圆、正方形—圆、正方形……"，这是儿童模式能力结构中的( )。

A. 模式复制 　　　 B. 模式表征 　　　 C. 模式识别 　　　 D. 模式创造

5. 可以对模式的发展进行预测，体现了模式的( )特点。

A. 单元结构性 　 B. 无限性 　　　 C. 可预测性 　　　 D. 重复性

6. 能辨别模式的基本单元以及各单元之间的关系，并理解模式的规则，是模式能力结构中的( )。

A. 模式复制 　　　 B. 模式扩展 　　　 C. 模式识别 　　　 D. 模式创造

7. 在识别模式序列的基础上，对后续的模式单元要素进行预测，并得出后续模式序列的过程，是模式能力结构中的( )。

A. 模式复制 　　　 B. 模式扩展 　　　 C. 模式识别 　　　 D. 模式创造

任务3　学前儿童集合与模式学习指导

一、学前儿童集合活动指导

(一)分类活动指导

1. 集体分类教学活动的指导策略

指导集体分类教学活动时可以遵循以下程序。

(1)教师提供材料，引导学前儿童观察，了解物体的特征，为分类活动做准备

分类是对物体共同属性的区分和归并。分类的前提是学前儿童对集合中物体的属性，尤其是共同属性已有所认识。此环节教师应提供一些某一特征明显的材料，并给予学前儿童充分的时间观察和讨论，之后给出明确的指令："这些是什么？请你

们看看、摸摸、玩玩，它们都一样吗？哪些不一样？"

（2）教师示范分类

在了解了集合中物体的属性之后，教师可根据学前儿童的年龄特点引导他们进行分类。不管是在小班，还是在大班，教师应先进行示范，学前儿童根据范例进行分类，只不过示范的层次不一样。在小班，教师可用类似这样的指导语："请你们像老师这样，把颜色一样的好朋友放在一起。"如果是在中、大班，教师可鼓励他们自主探索分类标准进行分类，可以使用类似这样的指导语："请你们在这些物品中，找出相同的，并把它们放在一起。"

（3）学前儿童操作练习

教师提出明确的任务，学前儿童根据操作材料进行分类操作，教师巡回观察，对有特殊需要的儿童进行个别指导。此环节教师需给予学前儿童充足的时间，让他们去探索、操作，切不可包办代替，草草了事。

（4）讨论交流与小结

鼓励学前儿童用语言表达分类的过程和结果，并使动作与语言建立联系。

2. 分类活动指导的一般策略

（1）丰富学前儿童的分类经验

学前儿童从自己的经验和兴趣出发来感知和解释周围世界，并会形成自己独特的认识和观点。在分类活动中，学前儿童的已有经验会影响他们判别事物的视角，他们会提出不同的分类标准。教师应通过多种形式和途径，有意识地利用和创设分类机会，让学前儿童积累丰富的分类经验，帮助学前儿童理解和掌握一些常用的类别概念，进而提升学前儿童的分类能力。教师可以在日常生活中为他们提供开展分类活动的机会，如提供低矮的、开放的玩具柜，要求他们分类存放玩具；在"小超市"游戏中，要求学前儿童在货架各层分类摆放商品；鼓励学前儿童对垃圾进行分类存放；在户外游戏中，鼓励学前儿童帮助教师分类收放运动器材；等等。在学前儿童进餐结束后，教师可以要求学前儿童将碗、筷子、勺子分别放置在小桶里，并观察学前儿童在这一环节能否按照规则对物品进行区分。在区角活动中，教师可以鼓励学前儿童按颜色收拾、区分散落在建构区的插塑，并根据插塑盒的大小依次摆好。学前儿童在图书角看书时，教师可以根据他们对书本的认知程度，请他们对书本进行分类，如哪些是图画书，哪些是故事书，哪些是科技书等。

（2）提供适宜的材料

材料的特征直接影响学前儿童的分类结果。教师要根据学前儿童不同的年龄特点、具体的教学目标选择适宜的材料，供学前儿童操作。分类的核心是概括出事物的共同特征。教师在提供材料的同时，还应引导学前儿童充分感知材料，探究材料的特征。对小班儿童，主要是让其按照事物的某一个外部特征进行分类，此时，教师提供的材料变化维度不宜太多，要突出某一特征差异，否则，容易造成分类标准混乱。而给大班儿童提供的材料应有利于他们自主探索分类标准,要鼓励他们进行多层次、多维度的分类。

(3)思考适合各年龄班的分类标准

分类包括区分和归并两个逻辑动作,涉及分类标准的提出与概括。而标记则在分类标准中起着重要作用。作为一种符号,标记是对事物某一属性的抽象概括,可以作为分类的说明,即标记起着提示求同标准所特指的物体属性的作用。当学前儿童理解了标记的意义后,他们就会运用这一标记表示某个或某一类物品。根据学前儿童思维的抽象水平,幼儿园各年龄班分类标准的顺序依次是:按一个标记求同;按几个标记求同;分类插标记;按内部属性求同和分类;按数量关系和逻辑关系分类;层级分类;多角度分类。随着年龄的增长,学前儿童会经历按照成人范例进行分类、根据教师语言提示进行分类、自主提出分类标准三个阶段。

(二)运用一一对应比较数量多少活动指导

一一对应不依靠对数的理解,而是理解数的一个基础,它是不经计数而确定数量的简便方法。在学前儿童有了一一对应的观念后再让他们学习计数,会更有意义。学前儿童对一一对应概念的掌握受很多因素影响,如对应和比较的方法、所比较材料的特征等。

1. 一一对应比较数量的几种方法

(1)重叠比较

将一组物体摆成一行,再将另一组物体逐个一对一地重叠放置在第一组物体上面,比较两组物体是一样多还是不一样多。例如,"给娃娃戴帽子",发给每位儿童数量相等或者不等的娃娃和帽子,请儿童将娃娃排成一行,再把帽子一个一个地戴在娃娃头上,然后让儿童回答"娃娃和帽子一样多吗?""哪个多?哪个少?为什么?",从而使学前儿童了解"一样多、不一样多、多、少"等词语的含义并学会使用这些词语。再如,让学前儿童回答类似的"碗和勺"问题等。(图 2-4、图 2-5)

图 2-4 娃娃戴帽子

图 2-5 学前儿童生活中碗和勺的对应

（2）并放比较

将一组物体摆成一行，再将另一组物体一个对一个地并排放在这组物体的旁边（上面或下面），比较两组物体的数量。例如，"小猫吃鱼"，给学前儿童 3 只小猫、4 条鱼的卡片，如图 2-6 所示。

图 2-6　小猫吃鱼

（3）连线比较

将一个集合中的元素与另一个集合中的元素进行一对一的连线，让学前儿童认识它们之间的数量关系。适合个别操作和示范。（图 2-7）

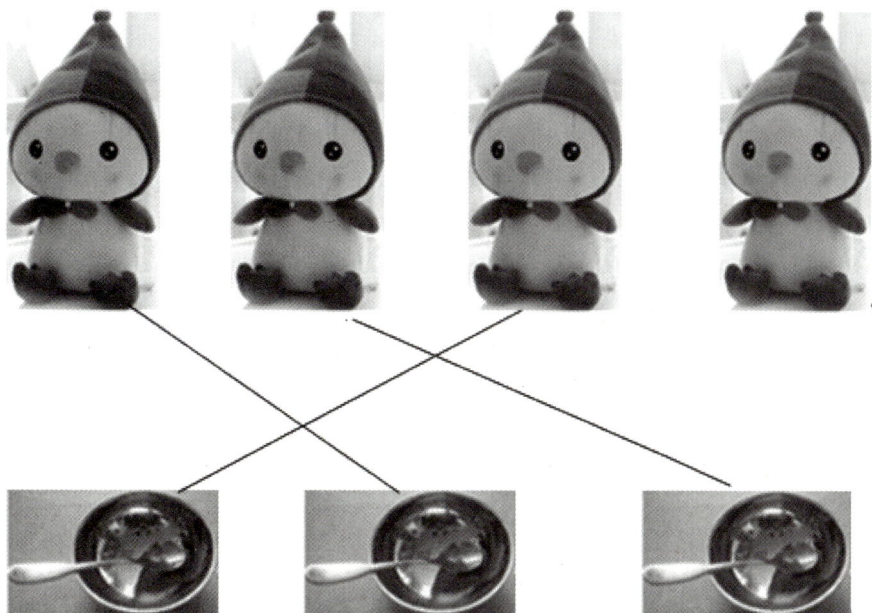

图 2-7　连线比较示范图

2. 一一对应与数量比较活动指导的一般策略

（1）充分利用学前儿童身边的环境资源

在学前儿童的生活中，有很多可利用的资源，借此让他们感受一一对应。比如，在幼儿园里，每一位小朋友睡一张床；每一把钥匙开一把锁；吃饭时，每人都有一碗饭、一个勺子；等等。在超市中，每个收银柜前都有一个收银员；每一杯可乐都有一个盖子和一个吸管；超市里的每一种物品都有标签；等等。在生活中，对应几乎无处不在，教师应充分挖掘、利用这些生活中的对应，引导学前儿童多观察、多感受，丰富他们的对应经验。

（2）在游戏中引导学前儿童学习

游戏是学前儿童最好的学习方式和学习途径，学前儿童可以在愉快的集体化游戏和个别化游戏中获得经验。例如，把教室中所有的瓶子和它们的盖子都分开，将各种瓶子和盖子混合在一起，来进行配对比赛，看谁先给所有的瓶子找到盖子。再如，提供有相关关系或等差关系的两组系列图片，如提供一组等差增大的熊二图片和一组等差增大的蜂蜜罐头图片，让学前儿童先对熊二图片进行排序，然后每只"熊二"对应"吃"相应大小的"蜂蜜罐头"，即对照熊二系列图片排出蜂蜜罐头系列图片。

（3）提供丰富多样的材料

材料的外部特征、抽象程度、关联程度、对应关系的抽象程度以及数量多少都会影响到对应和数量比较教学目标的达成。教师在提供材料时，应选择外部特征、抽象程度、关联程度、对应关系的抽象程度以及数量各异的材料供学前儿童操作，帮助他们达成学习目标。材料的呈现顺序应遵循由外部特征差异明显到完全相同、由具体实物到抽象符号、由关联密切到彼此独立、数量由少到多的规律。活动中教师可提供具有一一对应关系的若干对实物或实物卡片，如有相连关系的上衣和裤子、鞋子和袜子等，有相关关系的杯子和勺子、被子和枕头、牙膏和牙刷等，有从属关系的"奶奶"和"老花镜"、"娃娃"和"奶瓶"、"医生"和"听诊器"、"护士"和"体温计"等，通过引导学前儿童把其中有联系的物体配成对子，让他们体验一一对应关系。

在集体或小组活动中，教师可设计并提供两组物体，要求学前儿童一一对应排列后比较两组物体的多少，并引导学前儿童思考用什么方法可以使两组物体一样多。

二、学前儿童模式认知活动指导

（一）集体教学活动指导

1. 利用生活经验，引导学前儿童感受常见的简单模式

（1）利用真实的生活情境

在集体教学中，教师首先要联系学前儿童的实际生活经验，运用各种实物与教具开展活动，为学前儿童创设真实、具体、形象的操作环境。学前儿童是在现实的情境中通过不断地操作和接触物体来建构和理解数学知识的，而模式活动就来源于我们周围的自然情境。丰富的生活和多彩的世界是由许许多多的模式构成的，数、几何、测量等内容中也蕴含着大量的模式。因此，教师在组织集体教学活动时，要以生活情境为素材，为学前儿童准备真实、具体、形象的操作物，基于学前儿童的实际生活创设操作环境和操作机会，让他们自然地感知并能很好地理解模式与排序，从而进行有意义的学习。例如，案例2-3-1中，教师把孩子们的具体生活经验迁移到了模式学习中，让孩子们利用丰富的生活经验，依靠具体的、感性的经验来学习模式，这样更能启发孩子们思考，从而让他们顺利地理解模式的概念，并且积极参与到数学活动中。

案例 2-3-1

在中班数学模式活动中，朱老师把孩子们吃中饭的情景拍摄了下来，并回放给孩子们观察。

中班孩子吃中饭了。老师和值日生为每个孩子盛好了饭菜放在了桌子上。每个孩子面前都有一个碗、一个勺子。

老师让孩子们说说，每个小朋友的桌子上都有什么？

孩子们思考、讨论以后，得出了模式：碗、勺子—碗、勺子—碗、勺子……

老师把模式的基本单元用图片的形式排列了出来，并让孩子们继续往下排列。之后又加大难度，空缺一部分，让孩子们来填充……

案例 2-3-2

大班的蒋老师组织模式活动时，指着孩子们刚完成不久的门帘问："看看我们的门帘，是用什么做成的，是怎么排列的？"活动区的门帘是老师和孩子们刚做好的，孩子们非常喜欢。每一根帘子都是用不同颜色的卡纸条，按一定顺序做成卡纸环，一个接一个地连起来而制成的。有按"红、黄—红、黄—红、黄"方式排列的；有按"红、黄、绿—红、黄、绿—红、黄、绿"连成串的；有按"红、黄、蓝、绿—红、黄、蓝、绿—红、黄、蓝、绿"方式连接的。孩子们兴奋地发现，原来他们做的帘子用到的就是模式，而且每个模式都不一样呢！

(2)运用多元表征方式引导学前儿童的模式认知学习

研究证明，运用多元表征方式引导学前儿童对模式进行认知和学习，可以有效提高学前儿童的模式认知能力。教师可以主动为学前儿童营造一个多元的教学环境，通过环境的作用潜移默化地去影响他们，促进他们表征能力的发展。例如，大班老师引导学前儿童学习"ABC交替规律"时,可以运用多种材料对该规律进行表征,如可以给学前儿童提供大小不同的扣子、植物的种子、贝壳以及各种积木、积塑等;也可以运用多种表现形式对该规律进行表征,如可以运用视觉的、听觉的、动作的表现形式引导学前儿童学习。

(3)提供各种操作材料,在操作中感知模式

提供丰富的、富有挑战性的材料是引导学前儿童进行操作与探索的前提条件,学前儿童就是在操作材料的过程中发现、探索、感知、归纳、概括,从而获得模式概念的。例如,在案例2-3-3中,教师为学前儿童提供了穿珠子的材料,教师还可以提供不同颜色的数块、积木,不同大小的雪花片,不同形状的贴纸,不同颜色或形状的磁力块等,让学前儿童在操作中探索模式的规律。对幼儿园教师来说,生活中到处都有可以利用的资源,如树叶、小石子、谷粒等贴近学前儿童生活的实物材料,而每个家庭中的碗筷、鞋帽、家具等也都可以作为学前儿童开展模式活动的操作材料。

教师给学前儿童提供材料,切忌随意化,要做到有计划、有目的。在投放材料时要注意以下几点:第一,给学前儿童的材料在任务设计上应具有实际意义。这就要求教师对模式的类型、模式类型的组间差异、学前儿童的模式认知能力以及他们模式认知能力的发展特点和规律有一定的了解,并根据他们的现有水平为其提供有层次性的操作材料。第二,材料的呈现形式要避免过于复杂。为学前儿童提供的材料最好为生活化的可操作的材料,这些可为学前儿童识别、感知模式提供更为直观的视觉感受。第三,材料的投放应具有层次性、探索性。在所投放材料的维度上也应遵循循序渐进的原则,由一维到二维或多维,由简单到复杂,根据学前儿童的实际水平为他们提供有针对性的引导。同时,可为学前儿童提供不同的材料,促进他们模式转换能力的发展,为他们提供更多的挑战。第四,应该为学前儿童提供更多的操作时间,只依靠教师的讲解与纸上的练习并不能帮助学前儿童更好地感知模式,学前儿童需要通过大量的操作来积累丰富的模式经验,不断加深对模式的理解。

案例 2-3-3

6月19日,玩具区新增加了穿珠子的游戏材料,新的游戏材料吸引了很多小朋友去玩具区玩穿珠子游戏。6月23日,云飞的计划是去玩具区穿珠子。云飞制订了计划之后,老师跟随他来到了玩具区,想看看他穿珠子的情况。他先穿了一颗红色的珠子,又穿了一颗蓝色的珠子,接着又穿了一颗红色的珠子,再穿了一颗蓝色的珠子……老师一直在他身旁关注着他,5分钟过后,项链终于穿好了,云飞拿起项链对老师说:"钟老师,我穿了一串项链。"老师说:"哦,这是云飞穿的项链,我看见你用了两种颜色的珠子,用红色和蓝色的珠子穿成了一串漂亮的项链。你能

告诉我你是怎么穿的吗?"云飞将项链放在桌上,一边用手指着项链上的珠子一边说:"红色的、蓝色的,红色的、蓝色的……"老师说:"哦,我看见了你是一颗红色的珠子、一颗蓝色的珠子、一颗红色的珠子、一颗蓝色的珠子……这样穿成了一串漂亮的项链。"①

在教师有目的的指导下,云飞已经能够创造(而非模仿)一个独特的有三次以上重复的简单模式"ABABAB"了,他的模式能力发展已经提升到了中级水平。

2. 复制、扩展模式,丰富学前儿童的模式经验

案例 2-3-4

蒋老师让孩子们仔细观察活动室那由一根根"长绳"做成的门帘,并让孩子们想一想上面有什么样的模式。孩子们充分讨论以后,蒋老师给孩子们分发了拼插材料,有多棱的雪花片和五彩的拼插管,并让他们选择"帘子"上的一根自己喜欢的"长绳",来做一个与它相似的图案。分到雪花片的孩子比较容易就做好了一根"长绳";分到拼插管的孩子拼好以后说:"我的是一根长长的管子啦!"

蒋老师和孩子们一起来看他们的作品,让孩子们先说说要拼的是什么帘子,然后看看自己的雪花片和管子的颜色是不是一样的。

案例 2-3-4 中蒋老师的模式教学活动是利用活动室的门帘上的现有模式,让孩子们去观察模式,然后讨论模式,再尝试着去复制模式。

在辨认简单模式和复制模式的基础上,教师可引导学前儿童进行模式扩展活动。通常在模式教学活动中,模式扩展活动有重复式延伸活动、扩展式延伸活动和填补式延伸活动。这些活动可以丰富学前儿童的模式经验。重复式延伸是指对模式单元的不断重复延伸,如"苹果、香蕉、葡萄,苹果、香蕉、葡萄……"。扩展式延伸是指使模式的单元在有规律的变化中延伸,如"1 个圆圈、1 个三角形,1 个圆圈、2 个三角形,1 个圆圈、3 个三角形……"。填补式延伸是指教师出示一组模式后,把模式序列中的几个元素擦去,让学前儿童填补残缺的部分。

在模式集体教学活动中,教师应该针对不同的年龄层次,设计难易和复杂程度不同的模式规律,引导学前儿童学习。以"按规律排序"为例,在小班阶段,教师可以设计简单的"AB 交替规律",让学前儿童学习按规律排序;教师也可以利用范例板来引导学前儿童借助"一一对应"的方式来体验有关"AB 交替规律"的模式。在中班阶段,可以在小班的学习基础上增加难度。在小班学习的"AB 交替规律"的基础

---

① 钟敏:《小班幼儿学习模式排序的案例观察》,载《东方宝宝(保育与教育)》,2017(10)。

上，设计含"ABB 交替规律""AAB 交替规律""ABC 交替规律"的模式，供学前儿童操作学习。大班儿童的逻辑思维能力已经萌芽，对周围生活的观察推理能力有所提升，教师可以引导学前儿童观察生活中的模式，并进行归纳总结；可以引导学前儿童通过操作学习更为复杂的"ABABBABBB 交替规律"；还可以引导学前儿童运用已知的模式规律进行实践操作，如在美术活动中进行绘画和做手工装饰等。

3. 引导学前儿童设计、创造模式，发展模式能力

设计、创造模式是学前儿童模式学习的最高阶段，也是幼儿园有关模式的集体教学的重点和难点。由于学前儿童思维发展水平不同，而且学前儿童的动手操作能力也存在差异，因此，在不同的年龄阶段，相关的设计、创造模式的要求也不一样。在小班阶段，教师可以引导学前儿童用不同的材料设计同一个模式表征同一个规律；在中班阶段，教师可以引导学前儿童运用不同的表现形式来表征同一种规律；在大班阶段，在学前儿童已学习了一些模式的基础上，可以让他们自己发现、设计、创造模式规律。学前儿童自己设计、创造模式，可以由具体到抽象，由实物到图形、由图形到符号，由易到难，逐步提升难度。

在引导学前儿童进行模式创造或者延伸已有的模式时，其模式最好是直观、形象、可操作的。通常可以选择以下模式：

①具体实物或半具体图片模式。

②人的身体动作模式，如"拍手、叉腰、跺脚，拍手、叉腰、跺脚……"。

③声音模式或者音乐模式，如"咪咪咪嘛嘛嘛，咪咪咪嘛嘛嘛……"。

④串珠模式或钉板模式。

⑤纸上画出的图形模式，如花边模式、格子涂色模式或比较抽象的符号模式等。

(二)其他活动中的学前儿童的模式认知发展指导

诸多研究表明，模式学习在学前儿童的认知发展以及数学学习中具有重要作用，是个体抽象思维发展与逻辑推理能力发展的基础。首先，在数学教育的课程实践和活动组织中，教师应加强对模式重要性的认识和理解，尤其要加强对模式概念内涵、模式认知的理解。其次，要加强对学前儿童模式认知的发展规律、年龄特点、个体差异的了解和把握，避免将数学教育简单地理解为是对数概念和空间形体的认知与学习，或者将模式认知活动等同于排序操作，将是否能运用材料进行操作来表现不同模式规律作为判断学前儿童模式认知发展的唯一依据。最后，教师不能视模式认知为单纯的数学活动，而仅采用集体数学教学的方式来教授学前儿童模式概念。[①]模式的学习应该渗透在其他领域的活动过程中，更应该贯穿幼儿园的区域活动和一日生活的各个环节。

1. 将模式内容与其他领域内容相结合

模式虽然是一个抽象的概念，但是它具有灵活的表现形式。对模式的认知不仅

---

① 黄瑾、田方、叶美蓉：《促进儿童早期模式能力发展的教育策略》，载《学前教育研究》，2018(11)。

可以在数学领域内开展，还可以与幼儿园其他领域的内容相结合，如语言领域中有规律的诗歌和故事、绘本中重复的情节；艺术领域中的音乐节奏与律动，绘画中的颜色搭配、涂色活动、手工制作活动等；健康领域中户外运动的重复环节；等等。这些都是非常好的契机，能够帮助学前儿童开展丰富多样的模式活动，也可为模式的转换提供更大的空间。幼儿园其他领域丰富的内容与形式使学前儿童对模式的感知更直观、形象，不仅可以激发他们的学习兴趣，也可以使他们在轻松愉快的氛围中更好地感知、体验、转换以及创造模式。

2. 关注区域活动中的模式

对于学前儿童的模式学习来说，操作是非常重要的环节，而区域活动中的操作活动也是开展模式活动的良好时机（如案例 2-3-5）。利用美工区的花边创作让学前儿童感知、创作模式；利用益智区棋类游戏所用的跳棋或者黑白棋引导学前儿童进行模式的复制、扩展、创造等；利用串珠活动，鼓励学前儿童运用不同大小、颜色的珠子创造不同的模式；利用表演区的乐器演奏出不同的节奏，让学前儿童感知模式；利用角色游戏区的角色扮演，让学前儿童在扮演某一角色，如理发师、医生的过程中，感知某一角色需要不断重复的服务流程；同时也可利用一些数字材料引导学前儿童尝试进行数字序列的创造。幼儿园的各个区域中蕴含着丰富的模式关系，需要教师细心观察和不断摸索，而区域活动中学前儿童的操作活动更需要教师进行及时引导和指导，教师应随时挖掘模式教育契机，为学前儿童的模式学习创造出更为广阔的空间。

案例 2-3-5

区域游戏时间，云飞在积木区用空心积木搭好了房子，他准备在房子周围搭围墙。看见老师来到积木区，他对老师说："钟老师，我今天要搭很长的围墙。"老师回应他说："哦，你要搭很长的围墙，这个任务一定不简单，你需要我的帮助吗？"云飞想了想说："需要。"老师问他："你需要我怎么帮助你？"云飞说："你和我一起来搭围墙吧。"老师说："这样吧，我来递积木给你，你来搭围墙，这样就会搭得快一些。""好的。"云飞答应了。"你想选什么样的积木搭围墙呢？"云飞指了指装着半圆形积木的盒子。盒子里装有两种大小不同的半圆形积木，老师想，这正好可以看看云飞是否能用这两种积木摆放出按一定模式排序的围墙，老师对他说："我们用大的半圆形积木和小的半圆形积木搭一面长长的围墙可以吗？""好！"云飞点点头。于是老师先递给他一块大的半圆形积木，又递给他一块小的半圆形积木，接着又递给他一块大的半圆形积木，再递给他一块小的半圆形积木……云飞按照"大、小、大、小……"的规律将半圆形积木摆成了一个长排，接下来老师不再主动递积木给他，而是问他："你现在需要的是大的还是小的？"云飞说："大的。"老师递给他一块大的半圆形积木，之后又问："你现在要什么样的积木?"云飞说："小的。"老师又按他说的递给了他一块小的半圆形积木……就这样，他说要什么积木，老师就递给他什么积木，长长的围墙按照一块大的半圆形、一块小的半圆形、一块大的半圆形、一块小的半圆形的模式搭好了。通过这次游戏观察，老师发现云飞现在已经能够非常熟练地识别和复制"ABABAB"的模式了。[1]

3. 充分利用学前儿童一日生活以及环境中的模式关系

幼儿园的一日生活中充满了丰富的模式形式，如一日生活流程的不断循环、重复；户外运动中的律动活动。上下楼时间，可利用颜色相间的楼梯让学前儿童感知、体验模式；还可以利用就餐环节，让学前儿童在摆放餐具的过程中感受模式等。此外，还可以通过幼儿园的环境创设丰富学前儿童的视觉体验，让学前儿童在充满模式关系的日常环境中积累模式经验。幼儿园的一日生活、环境创设为学前儿童感知、体验模式提供了丰富的空间。可以说，模式以它灵活多变的形式渗透在学前儿童的一日生活之中，贴近学前儿童生活的情境更需要他们的细心观察和发现，这个过程可以让学前儿童更加直观地感受模式，体会到模式蕴含的乐趣。[2]

任务4　学前儿童集合与模式活动设计案例

一、集体数学活动设计案例

案例 2-4-1

活动名称

大班数学活动：蜈蚣叔叔的袜子[3]

活动背景

本次活动来源于绘本《蜈蚣叔叔的袜子》。《指南》中在科学领域数学认知方面指出5～6岁儿童的发展目标之一是"能发现事物简单的排列规律，并尝试创造新的排列规律"。本次活动充分利用了绘本中蜈蚣叔叔有多只脚，让孩子们在给蜈蚣叔叔穿上不同颜色的有规律的袜子的游戏中，感知模式的重复性与规律性。大班儿童已经积累了丰富

"蜈蚣叔叔的袜子"活动视频

① 钟敏：《小班幼儿学习模式排序的案例观察》，载《东方宝宝（保育与教育）》，2017(10)。
② 杨阳：《幼儿园大班模式教育现状分析：以保定市幼儿园为例》，硕士论文学位，河北大学，2014。
③ 此案例由湖南民族职业学院学生钟冬设计。

的对周围生活环境中的简单模式进行辨别的感性经验，本次活动学前儿童可以在继续巩固已学排列规律的基础上尝试创造新的排列规律，强化数学思维。在发展学前儿童认知与技能的同时，教师也注意到了其情感态度的发展，教师利用了绘本中"蜈蚣叔叔生病了没有力气穿袜子，想请小朋友帮忙"这样的情节，让学前儿童体验到了帮助他人的快乐。

活动目标

1. 说出多种排列的方法，感知排列的重复性。

2. 能够按已有规律继续排列两种颜色的袜子，会用不同的规律排列两种及三种颜色的袜子。

3. 感受绘本中蜈蚣叔叔穿袜子的特别和有趣，体验帮助他人的快乐。

活动准备

物质准备："蜈蚣叔叔的袜子"PPT，操作卡人手两张，红、绿、黄三种颜色的画笔，大型教具一份。

经验准备：认识红、黄、蓝三种颜色。

活动过程

一、律动导入：小脚运动（踩一踩、滑一滑、碰一碰，小脚并并拢）

过渡语："你们有几只脚？有一位朋友长着许多脚，它是谁呢？"

二、阅读绘本，寻找规律

提问：

1. 蜈蚣叔叔穿了什么颜色的袜子？

2. 生病的蜈蚣叔叔想怎么穿袜子？

3. 两种颜色的袜子可以怎么穿？

三、按规律复制模式

1. 嘟嘟的规律。

提问：

（1）嘟嘟是怎么给蜈蚣叔叔穿袜子的？

（2）剩下的脚应该穿什么袜子？你是怎么知道的？

2. 复制模式。

师：请你像这样给蜈蚣叔叔穿袜子。

四、尝试创造模式

1. 探索两种颜色袜子的穿法。

引导语：嘟嘟是这样穿的，你有不一样的穿法吗？我请一个小朋友来试一试。

总结语：两种颜色的袜子有规律的穿法还有很多。

2. 探索三种颜色袜子的穿法。

（1）提出问题，儿童交流。

引导语：得到了你们的帮助，蜈蚣叔叔的心情好了很多，现在它想穿三种颜色的袜子。三种颜色的袜子可以怎么穿？和小伙伴说一说。

（2）初步尝试操作。

指导语：请你们用三种颜色的画笔给蜈蚣叔叔有规律地穿一穿袜子。

（3）分享交流。

操作结束后挑选一组有规律的和一组无规律的，引导学前儿童观察，说出蜈蚣叔叔喜欢穿有规律的袜子。

（4）收获经验，再操作。

指导语：请小朋友们再试试看，能不能想出其他有规律的穿法。

活动延伸

美工区：画一画。

活动反思(学生评价)

_____

_____

_____

_____

_____

扫码观看其他案例

案例 2-4-2　小班数学活动 "大小标记找朋友"	案例 2-4-3　中班数学活动 "美丽的项链"
案例 2-4-4　大班数学活动 "小熊一家和吵吵闹闹的怪物们"	案例 2-4-5　中班数学活动 "寻宝小勇士"

二、区域数学活动设计案例①

案例 2-4-6

活动名称

小班数学活动：刺猬背果子

活动准备

用织布制作的大、中、小刺猬(刺猬身上缝着纽扣)背景板，用织布制作的大、中、小苹果(苹果上剪开一个口子，用来扣在纽扣上)若干。

活动过程

在比较刺猬和苹果的大小后，将大小不同的苹果"背"在相应大小的刺猬身上。

数学语言

想一想，这些刺猬要背什么样的苹果呢？为什么是这样的？这只刺猬和它身上的苹果有什么相同的地方？(图 2-8)

图 2-8　刺猬背果子

拓展阅读

1.[韩]车宝锦. 乱七八糟的魔女之城[M]. 安莹，译. 长春：长春出版社，2018.

2.[韩]尹如琳. 燕子，你还记得吗？[M]. 林怀宝，方佳梅，林春颖，译. 长春：长春出版社，2009.

3.[韩]车宝金. 小熊一家和吵吵闹闹的怪物们[M]. 安莹，译. 长春：长春出

---

① 黄瑾、田方：《学前儿童数学学习与发展核心经验》，52 页，南京，南京师范大学出版社，2015。

版社，2009.

4.[韩]罗恩熙.一起一起分类病[M].夏艳，译.长春：长春出版社，2009.

5.李季湄，冯晓霞.《3—6岁儿童学习与发展指南》解读[M].北京：人民教育出版社，2013.

6.杨冶军.一百只蜗牛去旅行[M].上海：中国福利会出版社，2009.

实践训练

1. 任选一个教案，模拟实践。

2. 任选一个教案，下园实践。

3. 下园观察学前儿童的集合与模式发展情况，撰写观察日记，并进行评析。

学习评价与反思

_____

_____

_____

_____

_____

_____

项目三　学前儿童数与运算学习指导

时间、日期、体重、地址……世界上到处都有数字，有了数字，我们交流会更加便利。"感知集合"教育为学前儿童学习"计数"和初步掌握"10以内数概念"奠定了基础。那么，学前儿童的数概念是怎样形成与发展的呢？我们要了解学前儿童数概念发展的哪些内容呢？

思维导图

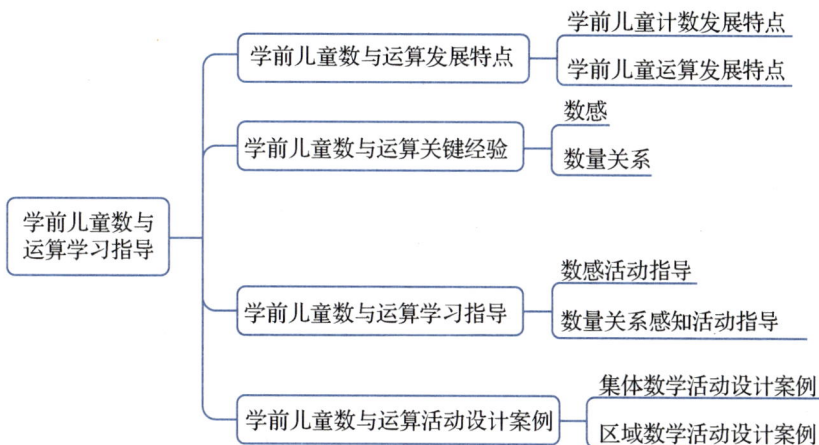

学习目标

1. 体验数与生活的关系，更加亲近数学。
2. 掌握学前儿童数与运算能力的发展特点、关键经验及学习指导要点。
3. 能有效设计、组织与实施学前儿童数与运算活动。

典型案例 ▶

最近，大(3)班的孩子们经常阅读《十只兔子去野餐》这本绘本，他们对故事的内容和结构已经非常熟悉了。今天，陈老师提议孩子们一起来表演这个故事：先是 10 只兔子一起去野餐，1 只兔子在前面带路，9 只兔子跟在后面。孩子们

> 想一想：为什么教师在引导学前儿童进行故事表演时，要激发学前儿童思考数的变化呢？

开始表演，排列成书上画的那样的队伍。随后……在今天的表演中，陈老师希望孩子们能初步关注数量变化的问题。在整个故事的发展过程中，引导孩子们不断思考 10 只兔子的队伍里发生的变化。（图 3-1）

图 3-1 "十只兔子去野餐"活动照片

知识储备

任务1 学前儿童数与运算发展特点

一、学前儿童计数发展特点

(一)计数的含义

计数也称数数，是将被数的集合元素与自然数列里从"1"开始的自然数建立一一对应关系的过程。

计数是一种有目的、有方法、有结果的活动，其目的是确定集合中元素的数量，

方法是手口一致地点数物体，其结果是得出总数，并用数字来表达。相关文献显示，计数活动由计数对象、计数内容、计数动作和计数原则四个要素组成。

(二)学前儿童计数内容的发展

学前儿童计数内容的发展经历了如下几个阶段。

1. 口头数数

口头数数是指口头按自然数数序来数数。一般 3 岁左右儿童能够在成人的引导下逐渐学会说出单个数词，并凭借机械记忆，按照一定的顺序背诵这些数词，但并不理解自然数的意义，往往不能正确地用这些数来表示物体的数量。在这一阶段，学前儿童仅仅是口头上唱数，还没有进行手与实物对应的练习，多数儿童常会出现手口不一致的现象，他们仅仅掌握了数的顺序而非数量的观念。但口头数数也具有积极意义，可以让学前儿童掌握数字名称以及自然数序，从而为其计数能力的发展奠定基础。

"学前儿童计数内容发展"微课

研究认为，4 岁是学前儿童口头数数能力发展的重要时期。5 岁以后，学前儿童一般能正确地数 10 以内的数，能够从中间任意一个数开始接着往下数。这表明他们在数字之间逐渐建立起了牢固的联系。

> 想一想：口头数数对学前儿童数概念发展有何意义？

2. 按物点数

按物点数是指用手逐一指点物体，同时有顺序地逐个说出数词，并使说出的每一个数字与手点的物体一一对应，需要学前儿童调动身体多个感官共同参与，在口头数数的基础上，将抽象数字与客观事物的具体数量建立一一对应的联系，做到手口一致地点数。4 岁之前，由于大脑皮层抑制机能发展较差，手眼协调动作不灵活，再加上口头数数还不熟练，学前儿童经常会出现手口不一致的现象。4 岁以后，学前儿童基本能进行正确点数。有研究认为，4～5 岁是学前儿童点数能力发展的最佳时期。在学前阶段，学前儿童能用手逐一指点物体，同时有顺序地说出数词，但经常会说不出总数。

3. 说出总数

说出总数是指在计数过程中按物点数后，能用说出的最后一个数词来代表所数物体的总数。学前儿童能手口一致地点数并说出总数，标志着他已经开始理解数的实际意义了。首先，学前儿童知道将最后说出的数词作为数过的一群对象的总体来把握，这就是最初的数抽象，即形成了最初的数概念，这也是计数能力发展的关键。其次，说出总数的发展比点数规则的获得还要更晚一点，它既要求学前儿童把数过的物体作为一个总体来认识，也要求他们能理解数到最后一个物体时所对应的数词就表示这一组物体的总数，也就是将数词与物体数量建立联系。最后，学前儿童能说出总数，意味着在计数过程和数字之间建立起了联系，知道数数的过程是为了知道物体的数量，他们还会发现：要想知道物体的数量，需要数数。只有理解了数数的目的，才能理解数数行为的工具性。随着这种意识的提高，学前儿童的数数活动也就会在更广泛的范围内展开了。

4. 按群计数

按群计数，就是计数时不再依赖于一一点数的方式，而是以数群为单位，两个两个地数、五个五个地数等。这表明学前儿童已经理解了数具有更抽象的性质，因为获得数群概念是指能将代表一个物体群的数作为一个整体去考虑，而不需要借助实物和逐一计数来确定物体群的数量。一般 5 岁以后，学前儿童逐渐发展了按群计数的能力。这种能力要求学前儿童具有一定的数抽象水平，这样才能在没有实物的情况下理解和说出一定的数。

(三)学前儿童计数动作发展

1. 手的动作：触摸物体—指点物体—用眼代替手区分物体

学前儿童在计数的过程中，最先出现的手部动作通常是用手移动、摆弄或触摸被数的物体，然后逐步摆脱对物体的触摸，用手在空中来回指点物体进行数数，最后是摆脱手部动作，直接依靠视觉来数出物体的数量。

"学前儿童计数对象、动作的发展"微课

2. 语言动作：大声说出数词—小声说出数词—默数

伴随着计数过程中手的动作的发展，学前儿童在"口"的动作方面也经历了一个变化发展过程。开始学计数时，学前儿童往往会大声说出数词，随着学前儿童数数活动的增加以及计数经验的不断积累，学前儿童渐渐地会降低计数时说出数词的声音或以不出声只动嘴唇来计数，最后发展为心里默数。

学前儿童在计数过程中手的动作和语言的动作是互相关联、平行发展的。最初的表现是用手触摸或指点物体并大声地说出数词，之后渐渐地开始摆脱手的指点，以目测、默数的计数方式来完成计数过程。

(四)学前儿童计数原则的发展

格尔曼等人认为只有当学前儿童熟练地掌握了计数基本原则——一一对应原则、固定顺序原则、顺序无关原则、基数原则、抽象原则后，才能真正地理解并学会计数。有研究发现，尽管年幼儿童的计数能力受其他一些因素限制，但 2.5～3 岁的儿童可能会掌握一些一一对应原则，能经常使用基数原则，总是实践固定顺序原则。3 岁儿童也隐约理解顺序无关原则。儿童不到 4 岁就可以使用抽象原则了。研究还发现，4～5 岁的儿童在数数时会遵循一一对应原则、固定顺序原则和基数原则等，并且是在理解的基础上运用这些原则的。5 岁儿童已经牢固地掌握了顺序无关原则。

1. 一一对应原则

一一对应原则，指学前儿童在数数时必须理解要数的集合中的每一个元素只能对应一个数词，也就是说一个集合中的物体必须且只能点数一次。

2. 固定顺序原则

固定顺序原则，即用于数不同单位物体的数词顺序是固定不变的，它是由数词系统本身特定的顺序和规律决定的，如按"1，2，3，4，…"的顺序去数任何一个集合。这看似简单，但对学前儿童来说，这是需要通过大量练习才能理解的。

3. 顺序无关原则

顺序无关原则，即集合中物体的总数与点数的这个集合中物体的顺序无关，在数数时，数的结果是唯一的，无论是从左往右数，还是从中间往两边数等，其数的结果总是同一个数。

4. 基数原则

基数原则，即能够理解计数到最后一个物体时的数词代表该集合的总数。当学前儿童能够在点数后正确地回答"一共有多少"时，则可理解为学前儿童已掌握了基数原则。

5. 抽象原则

抽象原则，指任何物体都是可以计数的。

学前儿童计数能力发展受诸多因素影响，包括计数对象的特征及排列方式，学前儿童的年龄发展水平、受教育程度等。一般来说，计数对象大且少，排列有规则的物体易于计数，对象小而多，排列不规则的物体相对不易计数；计数一次全部呈现的物体易于计数依次呈现的物体；家庭教育水平高的计数者，计数能力发展得更好。学前儿童的计数能力随年龄的增长而不断发展。

> 真题链接(2019 年上半年)：小红知道 9 颗花生吃掉 5 颗，还剩 4 颗，却算不出"9—5"等于多少，这说明小红的思维具有(　　　)。
>
> 　A. 具体形象性　　　　　　　B. 抽象逻辑性
>
> 　C. 直观动作性　　　　　　　D. 不可逆性

二、学前儿童运算发展特点

(一)运算能力由动作水平到概念水平的渐进发展

一般来说，学前儿童运算能力经历了由动作水平的加减到表象水平的加减，再到概念水平的加减的发展过程。

动作水平的加减是指学前儿童以实物或图片等直观材料为工具，借助于合并、分开等动作进行加减运算。在这个阶段，学前儿童必须借助具体的实物或材料，通过演示动作或具体的动手摆弄操作动作才能进行加减问题的运算。

"学前儿童运算能力发展特点"微课

表象水平的加减是指学前儿童逐渐能够不借助于直观的动作，在头脑中依靠对

形象化物体的再现、依靠物体的表象进行加减运算。这是学前儿童加减学习的主要手段，最典型的就是解答口述应用题，如告诉学前儿童盘子里有 2 颗糖果，老师又放进了 3 颗糖果，问现在盘子里有几颗糖果，学前儿童能够凭借对生活经验的回忆和物体表象进行相应的运算。

概念水平的加减运算是最高水平的加减运算，指学前儿童不需要借助对实物的直观操作或不用以表象为依托，能够直接运用抽象的数概念进行加减运算。

(二)运算的方法由逐一加减发展到按群加减

学前儿童进行加减运算的方法是由逐一加减逐渐发展到按群加减的，这也是学前儿童在加减运算中思维抽象性逐步提高的表现。

逐一加减就是用计数的方法进行加减运算，这是学前儿童数运算水平的初级阶段。在加法运算中，一般是将两组物体合并后逐一计数；也可以是以第一组物体的总数为起点，再接着计数第二组物体。例如，3 颗糖果与 2 颗糖果的加法，学前儿童有的是先合并再计数，有的是以 3 为起点接着计数。

按群加减是指学前儿童能够把数作为一个整体，从抽象的数群出发进行数群间的加减运算。学前儿童掌握了 10 以内数的组成后才能逐步达到按群加减的水平。

一般而言，4 岁之前的学前儿童基本不会加减运算，但能解答一些与生活实际有密切联系的应用题。4 岁以后，学前儿童能经由动作借助实物进行逐一计数的加减运算。5 岁以后，学前儿童能够利用表象进行加减运算，能用学到的顺着数和倒着数的方法进行逐一加减。5 岁半后，学前儿童能达到按数群进行运算的水平，能运用数的组成知识进行加减运算，也能借助物体表象解答口头应用题。

【练习与应用】

一、单项选择题

1. 教师问儿童，盘子里有 2 块饼干，妈妈又在盘子里放了 3 块饼干，现在一共有几块饼干？儿童凭借生活经验回忆起吃饼干的场景，告诉教师总共有 5 块饼干，这说明儿童处于（   ）。

    A. 动作水平加减运算阶段　　　　B. 表象水平加减运算阶段

    C. 概念水平加减运算阶段　　　　D. 不能运算

2. 孩子们在讨论春游去哪玩时，能根据统计结果做出决定，这些学前儿童是（   ）的。

    A. 小班　　　　B. 中班　　　　C. 大班　　　　D. 中班、大班

3. 计数原则有（   ）条。

    A. 5　　　　B. 4　　　　C. 3　　　　D. 6

4. 按群计数适宜在（   ）开展。

    A. 小班　　　　B. 中班　　　　C. 大班　　　　D. 中班、大班

二、材料分析题

1. 教师一边出示小鹿绒布玩具，一边叙述：有 3 只小鹿在森林里玩耍，一会儿又来了 2 只小鹿，现在森林里有几只小鹿？这属于哪种水平的运算？

2. 教师不出示绒布玩具，只口头叙述刚才的情境，问学前儿童森林里有几只小鹿？这属于哪种水平的运算？

3. 教师出示或者问学前儿童"3＋2＝?"，这是哪种水平的运算？

任务 2　学前儿童数与运算关键经验

《指南》中"数学认知"部分与"数与运算"有关的描述共 11 条，见表 3-1。根据这 11 条描述，我们可以总结出学前儿童"数与运算"的关键经验有"数感、数量关系"两个，其中数感包括"数字含义探究""数量感知"两个内容；"数量关系"有 12 种，包含在相邻数、数的组成、加减运算、统计与分析四个内容中。

表 3-1　《指南》中"数与运算"典型性表现描述

小班	中班	大班
体验和发现生活中很多地方都用到数	在指导下，感知和体会有些事物可以用数来描述，对环境中各种数字的含义有进一步探究的兴趣	借助实际情境和操作（如合并或拿取）理解"加"和"减"的实际意义

小班	中班	大班
能感知和区分物体的多少；能用数词描述事物或动作，如我有 4 本图书	能通过数数比较两组物体的多少	能通过实物操作或其他方法进行 10 以内的加减运算
能通过一一对应的方法比较两组物体的多少	能通过实际操作理解数与数之间的关系，如 5 比 4 多 1；2 和 3 合在一起是 5	能用简单的记录表和统计图表示简单的数量关系
能手口一致地点数 5 个以内的物体，并能说出总数。能按数取物	会用数词描述事物的排列顺序和位置	

一、数感

　　数感的定义有多种，这里主要是指学前儿童对数字意义的感知及对集合数量的感知，以及用数字来表达的能力。具有较强的数感是学前儿童在小学学好算术的关键。由表 3-1 可以发现，数感是小班和中班儿童要掌握的关键经验之一。

"学前儿童数感的关键经验"微课

　　数感的关键经验有三个：数字的多种含义；数量是集合的属性之一，可以用数字来表示具体数量；感知数量有多种策略，小集合中元素的数量可以直接被感知，无须数数。

(一)数字的多种含义

　　数字在生活中无处不在，说明时间、温度、电话号码、价格、考试成绩、房间号、日期等，均需用到数字。同一个数字在不同的情境中可能代表不同的事物。到 10 点钟了，孩子们就可以自由活动了，此时的 10 就是一种时间参照，叫参照数，生活中的参照数有许多，如温度、尺度等。而房间号、电话号码、球员球衣上的数字等都是一个代号，用来识别和区分事物，跟人的名字一样，因此，这个数字是命名数或者编号。

　　与命名数、参照数相比，基数和序数则是建立数感的基石，也是进行数学思维的基础。基数能够回答"是(有)多少"的问题，比如，当我们说小(1)班有 18 个小朋友时，此时的 18 表示小(1)班儿童有多少人，18 是一个基数。理解基数是进行有意义的数数以及数运算的首要前提。基数表示一个集合的绝对数量，它与集合的其他特征无关。序数用来确定一个物体在序列中的顺序或位置。当我们说浩浩坐在第 1 排第 1 个座位上时，此时 1 表示浩浩在班级序列中的位置，叫序数。序数能用来比较数量的属性。如果你的班上有 45 个人，你考试考了第 3 名，则意味着有 2 个人的成绩比你的好，还有 42 个人的成绩比你的差。

基数表示绝对数量，而序数表示相对位置，但学前儿童很容易混淆基数和序数，他们总认为数字越大就越好。这属于正常现象。

(二)数量是集合的属性之一，可以用数字来表示具体数量

一个集合有许多属性，数量只是其中的一个属性。当用数字来表示集合的属性时，就排除掉了这个集合的其他属性，如当我们用 3 来表示一个集合的数量时，就排除掉了这个集合的种类、颜色、大小等属性。3 只狗、3 个人和 3 把椅子等都可以用 3 来表示。要让学前儿童形成数感，就必须让学前儿童在数字与集合数量之间建立关系，这需要教师给他们提供大量的反复练习的机会。学前儿童说出这是"4 个冰激凌""4 双袜子"与能用数字"4"表示之间存在巨大的差异。前者是对具体量的一种表达与描述，后者则是对量的抽象属性的表征。学前儿童能数物对应且能说出总数，则表明他理解了基数的意义。

(三)感知数量有多种策略，小集合中元素的数量可以直接被感知，无须数数

感知集合数量的策略有许多，如目测、数数等。学前儿童看一眼，就能快速地感知和说出其数量，这是目测能力，目测分为直觉性目测和概念性目测。当物体数量小于或等于 3 时，学前儿童就会进行直觉性目测。当物体数量大于 3，且排列很有规律时，学前儿童就能运用概念性目测去感知数量了。例如，这样分布的六块积木

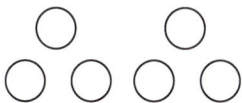

。概念性目测需要借助于对数的组合和分解的理解，因此并不能一步到位。物体排列形式及其他特征都可能干扰或帮助学前儿童进行概念性目测。目测能力的培养对学前儿童数感的形成意义非凡，需要教师经常有意识地进行培养。

除了目测，数数也是一种数量感知的策略。数数的方法有许多，点数、按群计数、倒着数或者顺接数都属于数数的方法。但不管用哪种方法，学前儿童均需要掌握数数的五个基本原则，分别是一一对应原则、固定顺序原则、顺序无关原则、基数原则和抽象原则。

二、数量关系

从《指南》中的目标表述来看，感知数量关系是学前儿童数学教育的重点内容。按照林嘉绥的归纳，学前儿童数学教育内容中隐含的数量关系有 12 种："1 和许多"的关系、对应关系、大小和多少的关系、等量关系、守恒关系、可逆关系、等差关系、互补关系、互换关系、传递关系、包含关系、函数关系。[①] 它们分别包含于"1 和许多""基数""序数""相邻数""数的组成""加减运算"等内容中。

---

① 林嘉绥、李丹玲:《学前儿童数学教育》，31 页，北京，北京师范大学出版社，1994。

（一）学前儿童应掌握的数量关系

1. "1 和许多"的关系

"1 和许多"的关系是元素与集合的关系，也是集合与集合的关系。其中"1"可以表示集合中的元素，也可以表示"一个元素的集合"。认识"1 和许多"的关系时，应让学前儿童认识这两种含义，并且应该分开进行教学。

2. 对应关系

对应关系是指一一对应关系，即一个集合中的元素与另一个集合中的元素相对应。例如，熊爸爸用大碗，熊妈妈用中碗，熊宝宝用小碗等。又如，在幼儿园中，一个小朋友一张床、一个水杯、一个碗、一个勺子等，这些都是对应关系。在学前阶段，学前儿童要能运用一一对应的方法比较两组数量的多少。

3. 大小和多少的关系

大小和多少的关系是对物体量和数的关系的一种表述，大小是对物体量的关系的表述，多少是对物体数的关系的表述。例如，篮球大，乒乓球小；5 个苹果多，2个梨少。

4. 等量关系

等量关系是指物体在数或量方面的相等关系。等量关系是指一个数群（总数）可以分解成两个相等或不相等的子群（部分数）。用符号表示为 $B=A+A'$，即一个数可以分成两个部分数，两个部分数合起来是原数。等量关系主要体现在数、量、形的二等分和四等分上，如将一个整体分成若干相等的部分，则各部分之间是等量关系。总数和两个部分数的和之间也存在等量关系。

5. 守恒关系

数的守恒是指图形和物体的数和量不因物体外部特征、排列形式的改变而改变。例如，一根绳子无论是直还是曲，其长度都是一样的。同样的，5 个苹果不管是排列紧密还是松散，都是 5 个。

6. 可逆关系

可逆关系主要涉及排序和运算，可从正反两方面来考虑。例如，量的排序，我们可以让学前儿童从高到矮排序，也可以让学前儿童从矮到高排序。数数时，可以顺着数，还可以倒着数。

7. 等差关系

等差关系是指在一组数列元素之间，存在差量相等的关系。例如，两个相邻数之间的多 1 和少 1 关系。

8. 互补关系

互补关系是指 $B=(A-n)+(A+n)$，即在一个数分成的两个部分数中，一个减少 1，一个增加 1，总数不变。

9. 互换关系

互换关系是指 $B=A+A'=A'+A$，即两个部分数位置换一下，总数不变。也指在组成式或加法交换律中，部分数位置的交换不影响总数。例如，1和4合起来是5，4和1合起来也是5。在数学中，学前儿童理解了这种互换关系，就可以将小数加大数的运算转换成大数加小数的运算，从而提高思维的敏捷性。

10. 传递关系

传递关系指的是数和量的关系的传递性。例如，$A>B$，$B>C$，则$A>C$。

11. 包含关系

包含关系主要指整体包含部分，部分包含于整体之中。整体与部分的关系是包含与被包含的关系。在活动中，教师引导学前儿童探讨事物之间的包含关系时，可通过判断部分与整体之间的关系来展开。但要注意避免将整体与部分转换成数与数来进行比较，此时，学前儿童会把整体误当成另一部分来进行比较。例如，花有8朵，红花有5朵，所以花多，红花少。出现这种情况是因为学前儿童把"8朵"与"5朵"当作并列的两部分来进行比较，而没认识到其中的包含关系。

12. 函数关系

当整体分成相等的几部分时，分的份数越多，则每份数量越少，反之，份数越少，则每份数量越多，这就是一种函数关系。函数关系的学习要在学前儿童学会测量之后进行。

(二)数与运算的关键经验

根据《指南》的精神，加减运算是中班、大班儿童的学习内容。在中班，要求学前儿童"能通过实际操作理解数与数之间的关系，如5比4多1；2和3合在一起是5"，即运用实物操作进行5以内的加减运算。对大班儿童有两个要求，一是"借助实际情境和操作(如合并或拿取)理解'加'和'减'的实际意义"；二是"能通过实物操作或其他方法进行10以内的加减运算"。中班、大班的这些要求目的很明确，即学习加减运算最重要的是能在实物操作水平上理解它们的实际意义，而不是强调运算技能的熟练掌握程度和背诵几加几等于几。同时，大班儿童可以通过多种策略完成加减运算，如实物操作、数数、心算等，还可以借助手指进行加减。①

"学前儿童数与运算的关键经验"微课

1. 数的组成

数的组成包括数的组合和分解两方面的内容。数的组合是指除0，1以外的任何一个自然数由两个或两个以上的部分数组成。数的分解是指除0，1以外的任何一个自然数都可以分解成两个或两个以上的部分数。数的组成实质上体现了总数与部分数及部分数之间的等量、互换、互补关系。数的组成是大班的教学内容，主要目的是让学前儿童理解数的组成的含义，知道1以上的各个数都可以分成两个数，两个数合起来就

① 李季湄、冯晓霞：《〈3—6岁儿童学习与发展指南〉解读》，137页，北京，人民教育出版社，2013。

是原来的数；知道一个数比它分成的两个数都大，分成的两个数比原来的数都小；懂得分成的两个数之间的互换和互补关系，并掌握 10 以内各个数的全部组成形式。

2. 数的加减运算

加减运算主要是指根据日常生活中的一个问题，用文字或语言表达其中的数量关系。其结构包含情节与数量关系。

所谓加法，包含的动作就是往集合中添加元素，结果就是求一共有多少。减法的含义则比较丰富，有四种。一是指分开或拿走，即有一个总量，从中去除一部分后，还剩多少。例如，明明有 4 块糖，她给了好好 2 块，明明还剩几块糖？二是比较，即有两个物群，比较两者的数量差异。例如，明明有 6 块糖，好好有 2 块糖，明明比好好多几块？（或者好好比明明少几块？）三是"还需要添加几个才一样多""需要去掉几个可以一样多"。四是指整体与部分的关系，即知道一个总数和部分数，求另一部分数。例如，好好有 5 块糖，其中 3 块是巧克力味的，其余是水果味的，问水果味的糖有几块？

研究表明，学前儿童对"拿走"类型的减法是最容易掌握的。然而长期使用"拿走"这个词容易使许多学前儿童认为减法只有这一种情境，从而对其他情境产生误解。因此，教师应该注意数学语言的运用，在学前儿童了解了"5 去掉 2 就是 3"后，就应及时将语言转换为"5 减 3 等于 2"，而非停留在"去掉"上。另外，要引导学前儿童认识各种形式的减法情境，帮助他们真正掌握减法运算的运用方法。

综上所述，学前儿童数运算包含的关键经验有三个。分别是"一定数量的物体（整体）可以分成几个相等或不等的部分，这几个部分又可以合成一个整体""往一个集合里添加物体或拿走物体会使集合发生变化""集合之间可以根据数量属性进行比较"。

(三)数据统计与分析关键经验

《指南》将"能用简单的记录表、统计图等表示简单的数量关系"作为大班儿童的一个学习目标提了出来，希望大班儿童对数量关系的理解逐步过渡到抽象层面，能够用书面符号进行表征。这是对学前儿童表征能力发展的要求，也是对学前儿童数据分析能力发展的要求，它期望学前儿童能提出自己的问题，并能收集相关数据，对数据进行整理并能用多种手段来表征。[①]

据此，对于这一内容，大班儿童应掌握的关键经验有三点：一是收集数据，并理解收集数据的目的是回答那些答案不明显、不直接的问题；二是大班儿童应知道记录表和统计图是表征数量关系的手段之一，并明确数据表征的目的在于说明问题，而如何收集数据和整理数据则取决于问题本身；三是能对数据进行分析，对局部数据进行比较，并能预测整体情况。

---

① 李季湄、冯晓霞：《〈3—6 岁儿童学习与发展指南〉解读》，138 页，北京，人民教育出版社，2013。

【练习与应用】

一、单项选择题

1. 以下属于小班儿童学习内容的是（   ）。

A. 运用数数比较两组物体的多少　　　B. 认识 5 的含义

C. 认识相邻数　　　　　　　　　　　D. $2+3=$?

2. 学习 5 可以分成几和几是（   ）儿童的数学学习内容。

A. 小班　　　　　B. 大班　　　　　C. 中班　　　　D. 中班、大班均可

3. 数的互换关系存在于（   ）之中。

A. 基数与序数　　　　　　　　　　　B. 相邻数与数的组成

C. 数的组成与加法运算　　　　　　　D. 加减运算

4. 5 大于 4，4 大于 3，所以 5 大于 3，这运用的是数量关系中的（   ）。

A. 互换关系　　　　B. 传递关系　　　　C. 包含关系　　　　D. 函数关系

5. 把 10 个苹果分成两份，一份增多了，另一份就减少了，这体现了数的（   ）。

A. 函数关系　　　　B. 包含关系　　　　C. 互补关系　　　　D. 传递关系

6. 按实物范例的数目或指定的数目取出 5 个以内的相应数量的物体，这最早适合在（   ）开展。

A. 小班　　　　　B. 大班　　　　　C. 中班　　　　D. 中班、大班均可

7. 发现物体数量不会因其排列方式的改变而改变，一般来说，这是（   ）儿童做不到的。

A. 小班　　　　　B. 大班　　　　　C. 中班　　　　D. 中班、大班均可

二、材料分析题

今天安安值日，老师请他在每张桌子上放相应数量的水果。刚开始时，他每说一个小朋友的名字，就夹一块水果放在盘子里，在第一张桌子处说出了 5 个小朋友的名字，放了 5 块水果在盘子里。第一张桌子上的水果放完后，老师问他，这有几个小朋友，他说有 4 个。老师再说，你数数看，到底有几个人，他数了数凳子，然后说 5 个。在第二张桌子上放水果时，他每放一块水果，挪动一把凳子，挪到第三把凳子时，把第四把和第五把凳子一起数了，然后一次性夹了三块水果放在盘子里，盘子里共放了 5 块水果。第三张桌子是他自己的桌子，他毫不犹豫地直接夹起 5 块水果，然后告诉老师这有 5 个人。在第四张桌子上，老师放了 4 双筷子，他只能回忆起 2 个小朋友的名字，就夹了 2 块水果。

思考：这个内容包含的核心数学概念是什么？请分析此儿童的年龄发展水平。

任务3 学前儿童数与运算学习指导

一、数感活动指导

(一)基数活动指导

《指南》中仅对小班儿童提出了掌握基数概念的要求，小班基数概念的目标涉及手口一致地点数、说出总数和按数取物。按数取物是学前儿童能根据他人的要求从一堆物体中取出一定数量的物体。按数取物是掌握基数概念的标志。[①] 教师可以按照这样的顺序进行按数取物教学：按照范例数量取物、按照数词取物、按照数字取物。认识基数含义的教学可采取多样化的形式，既可以分小组进行，也可以以个体形式进行，还可以在集体教学中进行。现从集体教学的角度对认识基数含义的教学步骤进行简单阐述。

1. 说总数并与数字对应

教师出示一定数量的实物或实物卡片，请学前儿童说一说数量是多少。在学前儿童说出物体总数之后，教师贴上或者在白板上写上相应的数字，如教师在给学前儿童呈现了3只小狗的图片之后，问他们图片中有几只小狗，可以用数字几来表示，然后在图片旁边贴上3或者写上3。在学前儿童初步感知数字3之后，教师再出示相同数量的其他物体，问他们数量是多少，可以用数字几表示，反复几次，让学前儿童进一步理解3的实际含义，知道数量是3个的任何物体都可以用数字3表示。

2. 按范例取物

教师呈现3个物品，要求学前儿童从提供的物品中拿出数量跟范例数量一样多的物品。教师首先提问"老师拿了几个×××"，然后说出指导语：请你拿出跟老师的一样多的×××。此过程也可以反复几次，巩固学前儿童对数的理解。教师还可充分调动学前儿童的观察力和已有经验，让他们寻找和回忆周围生活中哪些物品的数量与教师拿出的物品数量是相等的。

3. 按数取物

教师发出指令，学前儿童操作。此时，教师可以调动学前儿童所有的感官进行操作，如教师可以说"请你跺3下脚""请你拍3下手""请你转3圈""请你摸3下头""请你拿出3个苹果"等等。教师也可以创设情境，让学前儿童学习按数取物，如"小猴过生日了，我们要给它送礼物，每个人要送它3件礼物，请你挑出3件礼物送给小猴"。

[①] 李季湄、冯晓霞：《〈3—6岁儿童学习与发展指南〉解读》，134页，北京，人民教育出版社，2013。

(二)序数活动指导

在生活和游戏中，有许多情境需要我们确定顺序和位置，教师可以创设和利用情境问学前儿童有关序数的问题。例如，在进餐环节，教师可以有意识地提问："你是第几个吃完饭的?"在户外游戏中，教师可以在整队环节提问："从前面数，你排在第几位?"在序数教学中应关注如下几方面：

①序数的方向：从左到右(习惯)，从右到左(特定条件)，从上到下，从下到上。

②如何使学前儿童理解从什么方向数起? 可设立标志物：树、旗子等。

③序数语言的正确表述。_____排在第_____；排在第_____的是_____(可让学前儿童在日常生活和相关活动的排队中练习使用)。

序数教学应注意的问题如下：

一是明确从哪里数起，按什么方向数。

二是教具排列要多样化。

三是教学要循序渐进，先一维——先对不同物体进行排序，再对同种物体按编号排序，再二维——剧院找座位。

四是要分清基数和序数。

(三)计数活动指导

1. 在日常生活环节中渗透数序的教学

按照正确的顺序说出数词是正确计数所需的技能之一。教师可以在日常生活环节中渗透数序的教学。例如，早晨计数来园学前儿童人数时，教师可带领学前儿童一起数；在分发午餐以及午餐餐具时，也可以问儿童，我们需要多少块蛋糕、多少个碗和勺子，然后带领学前儿童一起数数，让学前儿童感知正确的数序。

2. 利用儿歌、手指游戏等帮助学前儿童计数

首先，教师也可利用儿歌、手指游戏等帮助学前儿童掌握数序。例如，数字歌"一二三爬上山，四五六翻跟头，七八九拍皮球，十个手指头"；唐诗"一去二三里，烟村四五家，亭台六七座，八九十枝花"；等等。

其次，教师可以通过唱儿歌、玩手指游戏等多种方式引导学前儿童感知数词与数量之间的关系，帮助学前儿童理解某一数词所代表的数量。例如，在过渡环节，通过与学前儿童一起玩手指游戏，帮助学前儿童感知手指这一物群的数量与数词之间的关系。例如，儿歌《五只猴子荡秋千》，不仅能体现从 5 到 1 的数序，而且因为有手指代表的小猴子或小鸭子的数量的变化，生动有趣地将数词与实物数量建立起了对应关系，从而为学前儿童理解所数出的数包含多少物品提供了感性经验。

3. 帮助学前儿童按物点数

按物点数是学前儿童计数的基本方式。在小班阶段，教师的任务是帮助学前儿童学会手口一致地点数并说出总数。小班儿童刚开始无点数技巧，乱点乱数。教师

应培养学前儿童手口一致地点数物体。数数时,一般用右手食指从左往右数或者从上往下数,点一个数一个。

大多数小班儿童并不知道最后点数的那个数就是集合的总数,当你问他这个集合中总共有多少个物品时,他要么沉默,要么会再数一遍,要么随便说个数。怎样帮助学前儿童在点数后说出总数呢?教师可以采取以下步骤:第一,学前儿童点数,教师说总数;第二,教师与学前儿童一起点数,之后说出总数;第三,教师点数,让学前儿童回答"一共有几个"的问题;第四,学前儿童自己点数后自己说出总数。

4. 帮助学前儿童掌握复杂的计数策略

在学前儿童能手口一致地点数并说出总数后,教师要帮助学前儿童掌握更为复杂的计数策略,这些策略包括顺数、倒数和按群计数。顺数就是按照自然数列的正向顺序进行数数,如1,2,3,4,…,倒数是按照自然数列的反向顺序进行数数,如9,8,7,6,…,按群计数是以数群为单位两个、五个或十个一组进行计数。倒数可以按照这样的步骤进行:看着实物数→看着数字数→熟练地倒数。具体方法:结合实物教具学习倒着数;用顺口溜的方式数;倒接数;接龙。这些计数策略的掌握有助于学前儿童运算能力的提高。

二、数量关系感知活动指导

(一)认识相邻数

教师先引导学前儿童在感知和理解两个相邻数之间的关系的基础上,感知和理解三个相邻数之间的关系。在相邻数的教学中,教师的讲解语言和图像的呈现方式是关键,教师应出具竖向排列的教具(图3-2),以中间位置的物体为中心进行讲解,引导学前儿童观察比较。

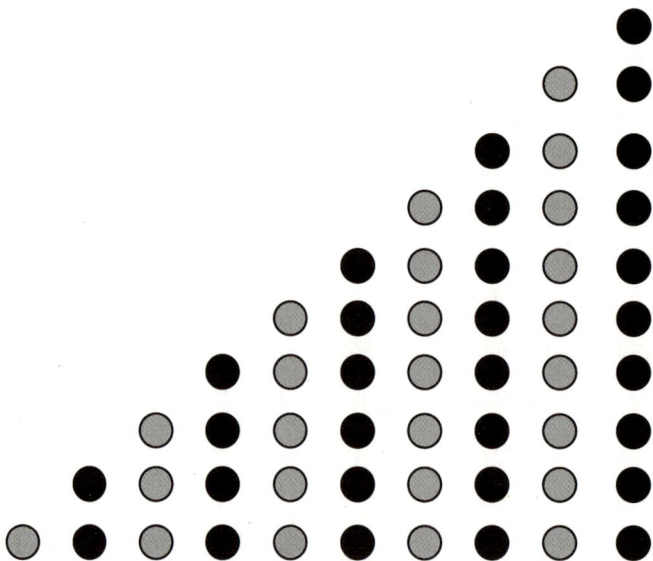

图3-2 点卡排列示意图

在教学时，可以先从单个物群的数量变化开始。例如，先呈现 4 个圆，让儿童数数一共有多少个，在他们正确回答后，教师说："我再添上 1 个圆，现在一共有多少个圆了？"学前儿童再次计数，得到正确答案后，教师问："刚才是 4 个圆，现在怎么变成 5 个圆了？"通过提问变化的过程，引导学前儿童关注 4 和 5 之间的关系。

在学前儿童基本掌握单个物群的数量变化后，可以进行两个物群的数量变化的教学。

在教学过程中，教师应该注意轮换使用"添上""加上""拿走""减去""去掉"等教学语言，以帮助学前儿童理解描述同一情境的不同词汇。另外，在每次活动结束后，教师一定要用准确清晰的语言总结刚才所展示的数之间的关系，如"4 个再加上 1 个就是 5 个"。

具体步骤如下：

①感知两个相邻数之间的转换关系；

②出示相邻数的实物或教具图，认数；

③引入观察，比较前后两个相邻数之间的关系；

④小结，进行 3 个相邻数之间的连续比较讲解；

⑤操作，巩固学前儿童对相邻数的认识。

(二)数的运算

如前所述，运算包含了对"现在是多少，多多少，少多少，还剩多少"等问题的解决。根据学前儿童思维发展特点，《指南》要求学前儿童能借助具体情境和操作理解加减的实际含义，可见，每个运算都包含一个故事。因此，在具体的活动指导中，教师应擅于发现生活中所蕴含的运算故事情境，也要擅于创设包含运算的故事情境。但教师创设情境的能力总是有限的，因此，在学前阶段，教师指导学前儿童进行运算学习，可以充分利用绘本，通过阅读、表演、绘画、使用操作材料等多种方法帮助儿童理解加减的实际含义。故事不仅能帮助学前儿童将问题情境形象化，还可能在更大程度上激发他们寻找答案的毅力和恒心。让数运算始终处于故事情境中，是为学前儿童日后学习算术做准备的最佳方法。

案例 3-3-1

大班数学活动"爷爷一定有办法"的部分文本设计[①]

一、教师讲述故事，导入活动

约瑟有一个爷爷，他的爷爷是一个非常聪明、能干的人。爷爷可以用一块普普通通的布料为约瑟缝一条神奇的毯子，这条神奇的毯子又舒服、又保暖，还可以把

---

①　此文本根据应彩云老师的讲座"绘本阅读，在情境中成长"整理而成，括号里内容为编者的点评。

噩梦通通赶走。爷爷还可以把毯子变成外套。

过渡语，提问：你想不想像约瑟的爷爷那样也把毯子变成外套？（这是教师找到的第一个将绘本与数学活动结合起来的关键点，在此处，教师将带领学前儿童从绘本中跳离出来，唤醒学前儿童的生活经验，进行操作。）

二、教师引导学前儿童操作，将毯子变成外套

教师提供手工纸和剪刀，引导学前儿童尝试将毯子变成外套。

提问：怎样才能把毯子变成外套？

过渡语：爷爷又把外套变成了背心。（这又是绘本与数学活动的一个关键结合点，在此处，教师利用绘本创设的情境，将学前儿童的生活、绘本与数学核心经验完美结合。）

三、教师引导学前儿童将外套变成背心

指导语：请把外套变成一件能穿很久的背心。

提问：什么样的背心才可以穿很久？

四、教师引导学前儿童将背心变成心仪物

（教师利用故事发展情节，层层推进活动。）

提问：爷爷又将背心变成了什么？你想将背心变成什么？

指导语：请你将背心变成你想要的东西。剪去的越少越好。

五、学前儿童将心仪物变成纽扣

指导语：爷爷最后将手帕变成了纽扣，请你将你的心仪物变成纽扣，剪去的越少越好。

评价：此活动充分运用绘本的情境，让学前儿童理解整体与部分、部分与部分之间的等量、互补关系，即整体一定的时候，剪去的越多，保留的越少；剪去的越少，保留的越多。

（三）数据统计与分析

收集数据的目的是解决问题，但教师经常忽略这样一个事实，要想让学前儿童真正解决问题，就必须有一个真实的问题存在，它的解决方案不是显而易见的。因此，要让大班儿童理解数据收集的目的，教师就要擅于引导学前儿童发现或者提出真正的问题，能让他们有兴趣收集数据、解决问题。同时要引导他们使用科学的方法去收集数据，用合适的方法表达出来，并能理解记录表和统计图的好处及意义。

案例 3-3-2

尽管教师和家长经常提醒孩子们要保管好自己的物品，可丢东西事件还是经常在幼儿园中发生，幼儿园的失物招领箱塞满了东西，而家长们经常抱怨给孩子刚买

的外套、帽子、手套等都不见了，必须重新添置。陈老师意识到这是一个需要全班孩子共同解决的重要问题，同时，她也认为这是一个学习统计分析的自然教学的好机会，因为一大堆混乱的物品总意味着要进行分类和统计。于是，她在星期一的早晨跟全班小朋友说，丢东西是一个大问题，要怎么解决呢？她首先用记录表记录下孩子们的想法，并根据孩子们的想法进行分类，可问题还是没有解决，她进一步引导孩子们思考有什么办法可以知道哪些东西容易丢失？如何解决？在教师的引导下，孩子们发现，条形图是较好的数据表征方式，能让他们清楚地知道哪些物品容易丢失，并提出相应的解决策略。（图3-3）

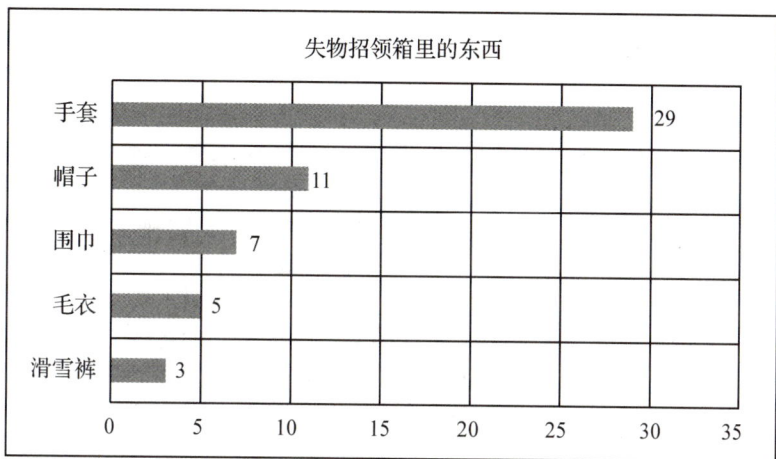

图3-3 哪些东西容易丢失统计图

任务4 学前儿童数与运算活动设计案例

一、集体数学活动设计案例

案例 3-4-1

活动名称

小班数学活动：咏雪

活动背景

"咏雪"活动视频

中华优秀传统文化是中华民族的"根"与"魂"，丢掉了优秀传统文化，就等于割

断了中华民族的精神命脉。对学前儿童进行中华优秀传统文化传承教育，不仅需要我们精挑细选内容，还需要我们将其渗透在幼儿园一日生活的方方面面。古诗《咏雪》以简单的数字勾画出了一幅漫天飞雪的美景，可让孩子们在吟诵的过程中掌握数序，同时，其包含的简单的画面为学前儿童学习基数创设了情境。教师以此古诗导入活动，然后以此古诗中的两物为操作材料，进行基数的学习，让学前儿童在恬美的意境中发展数学思维，感受数学之美。

活动目标

1. 在吟诵古诗的过程中，提高对数字的敏感度。

2. 理解数字 5 的含义。

3. 能按照数取 5 个物品。

活动准备

1. 物质准备：古诗《咏雪》音频，雪花片若干，梅花若干，篮子若干，数字卡。

2. 经验准备：掌握数序，能熟练唱数 1~10。

活动过程

一、活动导入：播放古诗《咏雪》

师：今天老师给你们带来了一首好听的古诗，请大家认真听，听完了告诉老师，这首古诗的名字叫什么？这首古诗描写的是哪个季节？你是怎么知道的？

师：是的，这首诗描写的是冬季的景色。冬天下雪了。在这首古诗中你看到了雪花，还看到了梅花。

二、拾"花朵"

1. 找一找。

师：今天老师带来了许多雪花和梅花，把它们藏在了一个地方，请你们找一找。（小朋友们寻找"花朵"）

师：找到了吗？你们在哪儿找到的？

师：哦，都找到了，原来它们藏在你们的凳子底下。

师：你找到的是雪花还是梅花？

2. 数一数。

师：现在，请你数一数，你有几朵"花"？请跟你的小伙伴说一说。

师：好，现在请一位小朋友来说一说，你找到的是什么"花"？有几朵？

师：现在，请你数一数你的小伙伴有几朵"花"？

3. 贴一贴。

师：你有几朵"花"，就请将数字宝宝几贴在篮子上，一定要数清楚哦。

师：好，小朋友们都贴对了吗？（学前儿童回答）

三、游戏：请你像我这样做

1. 教师拿 5 朵"花"，让学前儿童学着拿一样多的"花"。

师：老师拿了几朵"花"？请你拿跟老师的一样多的"花"。（反复两次）

2. 拍手跺脚。

教师一边唱拍手跺脚歌，一边发出指令：拍 5 下跺 3 下。不断变化数字，但均为 5 以内的。

四、活动结束

今天我们的小朋友们认识了数字宝宝 5，现在，请拿好你们的数字宝宝，我们一起去外面找一找，看能不能找到跟你的数字宝宝一样多的花朵，或者树叶宝宝。

活动延伸

1. 户外活动：拾落叶。

2. 室内：贴数字宝宝。

扫码观看其他案例

案例 3-4-2 中班数学
活动"有趣的 0"

案例 3-4-3 中班数学
活动"听声音数糖"

案例 3-4-4 中班数学
活动"山村咏怀"

案例 3-4-5 大班数学
活动"超级擂台赛"

案例 3-4-6 大班数学
活动"造房子"

二、区域数学活动设计案例①

案例 3-4-7

活动名称

小班数学活动：毛毛虫

活动准备

圆形磁片若干，小白板，提示卡片若干[毛毛虫实物卡片、点子卡片、数字卡片（3～6）]。

活动过程

先选择一张提示卡片放在地板上，根据图片、点子数或数字拿取相应数量的圆形磁片。再将圆形磁片一一连接起来摆放在磁性板上，就像一条毛毛虫。

也可以先摆放圆形磁片，点数后再拿取相应的提示卡片。

活动建议

教师可视学前儿童的发展水平增加或者减少卡片上的数值。

学前儿童还可以根据自己的水平选择其他的图片、点子卡片或数字卡片。

数学语言

数一数图片上有几个点子？你能拿出和点子数一样多的圆形磁片做一条毛毛虫吗？你做的毛毛虫一共用了几个圆形磁片？

扫码观看其他案例

案例 3-4-8　大班数学活动"5 的组成"

拓展阅读

1. 王微丽，霍力岩. 幼儿园数学区材料设计与评价[M]. 北京：中国轻工业出版社，2018.

2. 李季湄，冯晓霞.《3—6 岁儿童学习与发展指南》解读[M]. 北京：人民教育出版社，2013.

————————

① 黄瑾、田方：《学前儿童数学学习与发展核心经验》，120 页，南京，南京师范大学出版社，2015。

3."超星学习通"App 内观看数学活动视频.

4.[韩]辛知润.世界上最帅的猪[M].夏艳,译.长春:长春出版社,2009.

5.[韩]马仲物.过去的人们是怎么数数的呢?[M].安莹,译.长春:长春出版社,2009.

6.[韩]罗恩熙.都到我这里来[M].林春颖,译.长春:长春出版社,2009.

7.[韩]辛顺载.汪汪的生日派对[M].安莹,译.长春:长春出版社,2009.

8.[韩]刘永昭.蜘蛛和糖果店[M].林春颖,译.长春:长春出版社,2009.

9.[韩]辛知润.鼓鼓和蛋蛋的梦想[M].夏艳,译.长春:长春出版社,2009.

10.[韩]崔允祯.避开恶猫的方法[M].林春颖,译.长春:长春出版社,2009.

11.[日]伊东宽.首先有一个苹果[M].蒲蒲兰,译.南昌:二十一世纪出版社,2013.

12.[比利时]卡罗琳·格雷戈尔.完美的小狗阿波罗:我会数数[M].杨默,译.南昌:二十一世纪出版社,2010.

13[日]安野光雅."美丽的数学"系列[M].艾茗,译.北京:九州出版社,2016.

实践训练

1.任意挑选一个案例,进行模拟试教。

2.任意挑选一个案例,下园实践。

3.下园收集"学前儿童数与运算发展"案例,并对其进行分析。

学习评价与反思

_____

_____

_____

_____

_____

项目四　学前儿童图形与空间学习指导

？　项目导入

观看幼儿园微课视频《认识左右》，请思考：

1. 这个微课的内容是什么？

2. 这个微课主要是给谁看的？

3. 整个活动用了什么方法？

4. 设计 5 秒倒计时，妙处在哪儿？

5. "图形精灵"在整个活动中起什么作用？

6. 幼儿园教师资格证考试是无幼儿面试，你知道怎么做了吗？

7. 在指导学前儿童学习别的内容时，能借鉴这种方法吗？能复制吗？

视频《认识左右》

思维导图

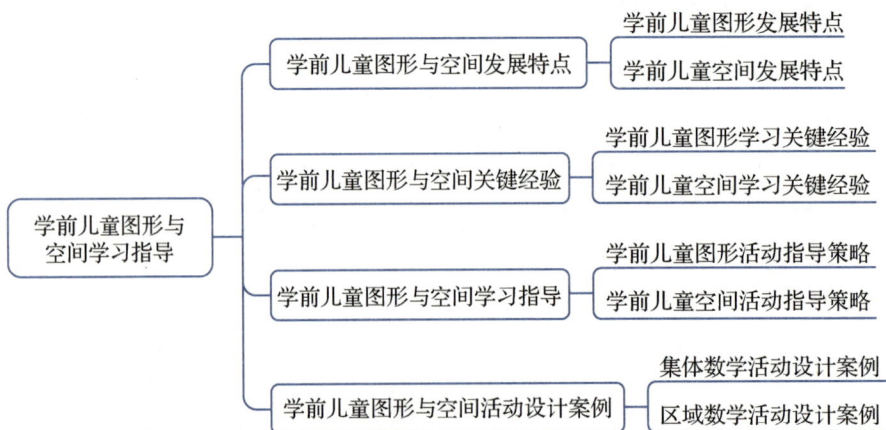

学习目标

1. 乐于探索图形与空间变化的原理，感受图形与空间变化活动。
2. 掌握学前儿童图形与空间发展特点及学习的关键经验，理解相关活动指导策略。
3. 感知图形与空间的关系，能科学、合理地设计、组织和实施图形与空间活动。

典型案例 ▶

晨间活动后，周老师拿出一个装有各种各样积木的大篮子，对孩子们说："许多小朋友都是搭积木的专家，你们能搭建非常复杂的结构。现在，让我们想一想，为什么有的积木可以放入某

> 想一想：教师的这些指导语指向哪些核心经验？

个结构中，但换个结构却不行？用这些积木拼搭宝塔，最底下放哪些积木，中间放哪些积木才能搭得高，圆锥形的积木放在哪儿最合适，为什么？"

知识储备

任务1　学前儿童图形与空间发展特点

一、学前儿童图形发展特点

学前儿童对几何图形的认知呈现出了一定的发展特点和顺序。通常我们从学前儿童对几何图形认知的一般规律和年龄特点两个方面来认识。

(一)学前儿童几何图形认知的一般规律

1. 在日常生活中认知几何图形

在学前儿童的生活经验中，各种日常生活用品，如桌子、圆凳、衣架等，都给他们留下了各种形状的印象（如案例4-1-1）。学前儿童就是从认识生活中的常见物品的形状开始来学习几何图形的。例如，婴儿看到自己的奶瓶，就会特别高兴。

案例 4-1-1

含含2岁半，喜欢在妈妈冲奶粉的时候玩奶粉桶的盖子，妈妈边冲奶粉边说："宝宝喜欢奶粉桶的盖子吗？这是一个圆形的盖子。"含含会跟着妈妈说："圆形的盖子。"然后再看看旁边的奶粉桶，用手指着说："这个也是圆形的。"妈妈夸奖含含：

"真能干，能找到一样的圆形盖子。"

2. 通过感官的综合运用来认知几何图形

心理学研究显示，学前儿童对几何形体的认知不仅是依靠视觉感知来实现的，也要通过视觉、触觉，并且借助语言表达来实现。因此，动手操作对学前儿童早期几何思维发展非常重要。

案例 4-1-2

含含（2岁半）和姐姐一起吃苹果，妈妈说："姐姐的苹果大，含含的苹果小。"含含说："我也要吃大苹果。"姐姐说："含含小，吃小苹果，大苹果吃不完。"含含想了想，看看姐姐的大苹果，说："姐姐的苹果大。我摸一下你的大苹果好吗？"含含双手捧着姐姐的大苹果，还在小脸蛋上蹭了又蹭，嘴里念念有词："姐姐的苹果好大呀！"

3. 对几何图形的认知呈现顺序性

学前儿童认识平面图形的顺序是：圆、正方形、三角形、半圆、椭圆和梯形。这种认识顺序主要与图形本身的复杂程度和学前儿童自身的生活经验紧密相关。圆是学前儿童在生活中最常见的形状，也最能吸引学前儿童的注意力。日常生活中越常见的图形，学前儿童认知得越早（如案例 4-1-3）。例如，圆形的水杯口、碗口、盆口，小方巾，三角衣架，等等。学前儿童认识立体图形的顺序是：球、正方体和长方体。

案例 4-1-3

小姨带着3岁的牛牛去玩具店。小姨想给牛牛买玩具。她指着摆放在最显眼的位置上的各种电动汽车、卡通人物玩具问牛牛："我们买些玩具，好不好？"牛牛一直摇头，说："我不要。"突然牛牛飞快地跑向一个角落，拿出一个橘黄色的乒乓球，说："我要这个球。"小姨给牛牛买了5个乒乓球。

（二）学前儿童几何图形认知的年龄特征

1. 3～4岁儿童几何图形认知的特点

在平面图形认知方面，小班儿童对平面图形有了一定的认识，但还不能做到图形守恒。小班儿童能够根据图形的名称指认出正确的图形，但在命名不太认识的图形时，易根据生活中接触到的物品来命名图形，如将椭圆命名为蛋形；在命名自己熟识的图形时可以使用正确的名称来称呼。小班儿童基本可以掌握：圆、三角形、心形、正方形、长方形、半圆、椭圆、五角形和月牙形。但是，学前儿童对于上述各类图形的认识比较单一，仅限于认识其标准范式，如小班儿童认为只有顶角向上的等边三角形才是三角形，对等边三角形的熟识度远远高于对其他变式三角形的熟识度(如案例 4-1-4)。总体上，学前儿童辨认平面图形的稳定性较差。

案例 4-1-4

小(3)班陈老师组织了一次数学活动"寻找三角形"。此前，小朋友们已经初步认识了三角形，用的直观材料是等腰三角形。陈老师组织本次活动的目的是让小朋友认识更多的三角形，从而巩固对三角形的基本特征的认识。她精心准备了颜色、大小、形态不同的等腰三角形、等边三角形、直角三角形、钝角三角形和锐角三角形，然后发出指令："请小朋友找出你认为是三角形的图形来。"陈老师话音刚落，小朋友们就开始摆弄桌上的图形了。不同颜色、大小的等腰三角形、等边三角形被孩子们很轻松地找了出来。只见天天手里拿着一个红色的钝角三角形，犹疑地问道："陈老师，这个是三角形吗？怎么跟之前的三角形不一样呢？"陈老师没有马上回答天天的问题，而是鼓励他自己动脑筋想一想，看看他手里拿的到底是不是三角形。

在立体图形认知方面，小班儿童对立体图形的认知已经开始萌芽。大多数的小班儿童无法正确掌握立体图形的名称，多数小班儿童易将立体图形与实物联系在一起，如将长方体称为箱子(如案例 4-1-5)，将球称为皮球等。

案例 4-1-5

离园时，贝贝看到大班的哥哥姐姐在操场上排练节目，他们都拿着一个长方体的盒子道具，贝贝指着那些道具告诉妈妈："妈妈，那些哥哥姐姐都有箱子，这些哥哥姐姐没有箱子。"然后指着老师身边的大音箱说："老师那里有一个最大的箱子。"

2. 4～5 岁儿童几何图形认知发展的特点

在平面图形认知方面，中班儿童能够不受平面图形的颜色、位置、大小等因素的影响辨认图形，该年龄段儿童具有初步的图形守恒能力。中班儿童基本可以掌握：圆、三角形、心形、正方形、长方形、半圆、椭圆、五角形、月牙形、梯形、扇形和菱形。而且，该年龄段儿童对于变式三角形有一定的认识，大部分中班儿童能够认识等边三角形、等腰三角形、钝角三角形、锐角三角形和直角三角形，能够大体了解三角形边和角的性质，但是对于变式三角形命名的认识还有所欠缺。与此同时，中班儿童对于其他平面几何图形边与角的概念有了进一步的了解。

在立体图形认知方面，中班儿童通过对积木玩具进行操作及观看相关的益智类儿童电视节目可以获取立体图形的相关知识。部分中班儿童能够说出某些立体图形的名称，大部分的中班儿童无法正确掌握立体图形的科学名称。受平面图形学习的影响，中班儿童会将立体图形与相近的平面图形联系在一起，将立体图形称为某形，如将圆柱称为圆柱形。

案例 4-1-6

翻转三角形(轩轩 4 岁多，中班)

师：这是什么形状？

轩轩：三角形。

师：真聪明！知道这是三角形，那么这样子的呢？(将小卡片当着孩子的面翻转，使顶点朝下)

轩轩：不知道。

师：不知道？再想想看，这是什么形状？

轩轩：不知道。

师：好！那么这样子的呢？(将三角形翻转过来)

轩轩：三角形。

师：告诉老师，什么叫三角形？

轩轩：有三个角，这样子的叫三角形。(用手指描绘整个图形)

师：这边有什么？

轩轩：这边尖尖的，跟这边还有那边一样。(用手先指朝上的角，再陆续指其余的两个角)

师：喔！我懂了。这边尖尖的(手指朝上的顶点)，这两边也尖尖的。还有这边是上面还是下面(手指朝上的顶点)？

轩轩：上面、左边。

师：上面、左边？

轩轩：还有右边。

师：喔！上面、左边、右边都是尖尖的。好！那么这个样子的呢？这是什么形状？(将小卡片当着孩子的面翻转，使顶点朝下)

轩轩：不知道。

师：好！谢谢你。

3. 5～6 岁儿童几何图形认知发展的特点

在平面图形认知方面，大班儿童基本认识除平行四边形外的所有平面图形，能不受平面图形的颜色、位置、大小等因素的影响正确辨认图形，具有一定的图形守恒能力。大班儿童基本可以掌握：圆、三角形、心形、正方形、长方形、半圆、椭圆、五角形、梯形、扇形、菱形、正六边形、正八边形、正五边形。处于该年龄段的儿童与中班和小班儿童相比，对于上述各类图形的变式的认识丰富了许多。大部分大班儿童可以理解平面图形的本质属性，即边与角的关系。

在立体图形认知方面，大班儿童在日常活动中开始进行以立体图形为主要内容的教育活动，大部分儿童对于立体图形有了感性的认识。处于该年龄段的儿童可以正确分辨出不同的立体图形，并掌握立体图形的科学名称。大班儿童可以比较好地掌握部分立体图形，如圆柱、正方体、长方体。[①]

案例 4-1-7

大班李老师组织了"圆与球"的活动。李老师先演示，让一枚硬币在桌面上旋转起来，让大班小朋友观察硬币旋转的轨迹，形成了一个球。然后出示一组材料，有圆纽扣、地球仪、钥匙圈、乒乓球、山楂片、玻璃弹珠、桂圆、海洋球等，让孩子们把圆和球分开，放在两个空盘子里。接着通过"摸一摸""滚一滚""说一说""添一添"的活动让孩子们了解圆与球的不同和联系。

二、学前儿童空间发展特点

(一)学前儿童空间方位认知发展的一般特点

1. 先了解上下，再了解前后，最后了解左右

方位本身的复杂程度决定了学前儿童对空间基本方位的认识和辨别顺序。上下方位，是以"天地"为标准来确定的，天地本身就具有亘古不变的特性，且上与下本身区别较明显，所以学前儿童容易辨认。前后、左右的位置都具有一定的方向性，会随着物体或参照物位置的改变而发生变化，这给学前儿童辨别造成了困难。

2. 从以自身为中心，发展到以客体为中心

按照学前儿童的学习过程，学前儿童首先学会辨别自己身体各个部位的位置，将不同的方位与自己身体的相应部位联系起来，如头在上面，脚在下面。再以自己为中心确定相对于自己而言客体所处的位置，如我的头顶上是蓝天，脚底下是大地。之后学会从客体出发确定其他客体的相互位置关系，即以客体为中心来进行判断，如桌子前面是老师，桌子后面是小朋友。学前儿童辨别以客体为中心的上下、前后比较容易，但辨别左右就相对困难了。

(二)学前儿童空间方位认知发展的年龄特点

小班儿童基本上能较好地区分上下的空间位置，开始逐步学习辨别前后的空间

---

① 王明英：《大连市3～6岁幼儿几何形体认知发展特点研究》，硕士学位论文，辽宁师范大学，2014。

方位，但只能以自身为中心直接感知方位，对方位的理解还具有一定的局限性。对于正对着自己的物体或者靠近自身的客体会更容易辨别出其方位。

中班儿童空间概念发展较快，能分辨前后，并且开始学习以自身为中心来辨别左右，同时也扩大了辨别客体方位的区域范围，能辨别离自己稍远或不正对着自己的空间方位。

大班儿童能正确辨别上下、前后，以及以自身为中心的左右，但还不能辨别以客体为中心的左右。

【练习与应用】

一、单项选择题

1. 一组相邻边相等且一个角是直角的平行四边形是（　　）。

A. 长方形　　　　　B. 正方形　　　　　C. 平行四边形　　　　　D. 梯形

2. 学前儿童最先认识的立体图形是（　　）。

A. 长方体　　　　　B. 正方体　　　　　C. 立方体　　　　　D. 球

3. 婴儿看到自己的奶瓶，就会特别高兴。说明儿童对几何图形的认知具有的特点是（　　）。

A. 在日常生活中认知几何图形　　　　　B. 通过感官的综合运用来认知几何图形

C. 对几何图形的认知呈现顺序性　　　　D. 对物体的外在特征处于感性阶段

4. 以下属于3～4岁儿童几何图形认知特点的是（　　）。

A. 在日常生活中认知几何图形　　　　　B. 通过感官的综合运用来认知几何图形

C. 对几何图形的认知呈现顺序性　　　　D. 对于物体的外在特征处于感性阶段

5. 能注意物体较明显的形状特征（如圆、正方形、三角形），并能用自己的语言描述，是（　　）年龄段儿童的形状认知活动的教学目标与内容。

A. 3～4岁　　　　　B. 4～5岁　　　　　C. 5～6岁　　　　　D. 3岁前

二、案例分析题

中班半开放日活动，彭老师组织了一个用各种平面图形制作纸帽子的活动。小朋友们和爸爸妈妈一起把正方形、三角形、长方形等卷起来，做成一个圆锥或者圆柱，然后粘起来，再装饰，做成自己喜欢的帽子。彭老师走到亮亮跟前，看到亮亮和妈妈正用一个长方形在做帽子。不一会儿，帽子就做好了。亮亮很高兴地看着妈妈说："妈妈，现在帽子变成一个圆柱形啦！"

阅读以上案例，分析上述儿童几何图形认知发展特点。

任务2 学前儿童图形与空间关键经验

图形和空间，是几何的初级形态。它涉及对几何形体的名称、特征、类别和简单的组合关系的理解，也涉及对空间方位概念、运动方向和空间表征的理解。学前儿童空间感的发展不仅有助于他们理解自己所处的空间世界，还有利于他们学习数学的其他内容。当学前儿童探索不同形状的物体在空间中的位置时，他们也在学习与测量有关的概念和术语；根据形状和其他综合特征进行分类，也是统计和数据分析的基本技能；摆弄几何形体有助于学前儿童熟悉方位以及其他空间术语，提高语言和阅读水平；在美术活动中，空间关系和几何形体，更是不可缺少的元素。空间感和空间概念的建构与学前儿童的许多活动有着密切的关系，如美术活动、科学活动、律动活动、音乐活动、阅读活动和游戏。

一、学前儿童图形学习关键经验

图形的学习意味着学前儿童能够对二维或三维的形状进行识别、命名、建构、绘画、比较、区分，并对其进行分类和组合。学前儿童很早就开始接触各种几何形体了，他们通过多种材料和活动，如积木、黏土、折纸、几何拼板、画画、计算机游戏等来学习和表征几何形体。

《指南》对小班儿童提出了"能注意物体较明显的形状特征，并能用自己的语言描述"的要求。这里主要是对形状的整体认知和命名的要求。一般来说，小班儿童刚入园时已经认识三四种形状了，到小班末，可能认识六七种形状。圆与三角形是学前儿童最早掌握的形状，其他的形状包括长方形、正方形、椭圆、半圆。

中班儿童在形状方面发展的要求有两条。一是"能感知物体的形体结构特征，画出或拼搭出该物体的造型"，这里主要是指要对各种形状的特征有更为细致的了解，如对边和角有进一步的认识，并能用图画或积木、油泥等材料对形状进行表征。二是"能感知和发现常见几何图形的基本特征，并能进行分类"。对形状进行分类，是让学前儿童在认识单个形状的基础上进一步增加对同一类形状的了解，如了解对称三角形、直角三角形等。对形状进行分类有助于学前儿童在操作的过程中进一步感知和比较形状的特征，加深对形状的认识，并从中抽象出一类几何形体的共同特征。

对大班儿童的要求是"能用常见的几何形体有创意地拼搭和画出物体的造型"。在中班对形状进行单独表征和对相似形状进行比较与概括的基础上，对大班儿童提出了更高的要求，即通过对形状的有创意地组合，完成一个新的作品，并能用图画表征出来。这条目标综合了几何形体、形状的组合、空间表征以及创造性思维品质等多种元素，并涉及二维平面和三维形体之间的转换。

表 4-1　《指南》中有关图形的典型性表现的描述

3~4 岁	4~5 岁	5~6 岁
能注意物体较明显的形状特征，并能用自己的语言描述	能感知物体的形体结构特征，画出或拼搭出该物体的造型 能感知和发现常见几何图形的基本特征，并能进行分类	能用常见的几何形体有创意地拼搭和画出物体的造型

综上所述，学前儿童图形学习的关键经验有三条：一是可以根据图形属性特征对图形进行定义和分类；二是了解立体图形表面是平面图形；三是了解图形可以组合和分割成新的图形。

二、学前儿童空间学习关键经验

空间能力的发展是指学前儿童对空间的相对位置进行描述、命名和解释，并学习应用这些概念；能运用空间记忆和空间视觉来创造几何图形；能用不同的手段来认识和表征形状，并把几何概念、数和测量概念的学习和应用联系起来。空间表征涉及学前儿童对物体的位置和空间关系的认识。教师可通过特定的玩具材料、手工制品、计算机游戏、对话、示范、故事或使用其他方法来丰富学前儿童有关空间相对位置和关系的知识。

《指南》对小班儿童的空间方位概念的认知提出了要求："能感知物体基本的空间位置与方位，理解上下、前后、里外等方位词。"有研究表明，到小班末，大多数儿童已经理解了上下、里外和前后的方位词。其中，对上下和里外方位词的理解好于对前后方位词的理解。对中班儿童的要求是"能使用上下、前后、里外、中间、旁边等方位词描述物体的位置和运动方向"。在对中班儿童的要求中除了增加了中间和旁边的方位概念以外，还要求要能用这些方位词来描述物体运动的方向。它意味着学前儿童不仅要在静态的状态下认识方位，还要能在物体处于动态的情况下，关注物体的方位和空间关系。对大班儿童的要求有两条："能按语言指示或根据简单示意图正确取放物品""能辨别自己的左右"。第一条涉及物体的空间方位表征，以及实际物体的空间方位与符号表征的物体方位直接的对应。这里所指的简单示意图，可以是物体的方位图和简单的地图。第二条要求是能够以自己为中心区分左右。

对空间关系的理解从一出生就开始了。婴儿学着去触及并抓握物体，这些物体可能是悬挂在他们眼前的，也有可能是被扔在一边的，又或者是从椅子上滑落的。学步儿童则通过爬、四处摸索或走动来触及玩具。他们会设法穿过桌子，从桌子底下把毛绒玩具拿回来。进入幼儿园后，学前儿童已经能轻松地对物体进行定位了，会确定空间中的最佳移动线路。他们还开始通过多种方式对空间进行表征，如搭积木，使用词汇和肢体语言描述物体和位置之间的关系，画地图和建模型等。

案例 4-2-1

"佳佳，你把小白兔放在架子旁的角落里，我把猴屋拿到这儿，放在轨道旁边。"
"我准备搭火车过桥的部分，它正好穿过其中的一个弯轨。"

我相信，任何一个拥有图形与空间核心经验的幼儿园教师，都能敏锐地意识到上述案例中的对话包含了学前儿童对空间方位的感知和表征。3～6 岁的儿童已经可以学习更多的技能了，包括在不同地点说明方向、理解位置的相对性。《指南》对学前儿童空间方位学习的要求如下（表 4-2），包括对物体位置的感知、方位的表征与运用、运用方位经验解决问题。

表 4-2 《指南》中有关空间的典型性表现的描述

3～4 岁	4～5 岁	5～6 岁
能感知物体基本的空间位置与方位，理解上下、前后、里外等方位词	能使用上下、前后、里外、中间、旁边等方位词描述物体的位置和运动方向	能按语言指示或根据简单示意图正确取放物品 能辨别自己的左右

由此可知，学前儿童要掌握的空间方位的关键经验有三个。

关键经验一：空间方位可以准确地描述物体与物体之间的空间关系。掌握了这个关键经验的学前儿童知道"某个东西在哪里"，能够通过语言、绘画、书写和建模来表明移动和方向。

关键经验二：特定视角的观察影响我们对空间的体验和二维表征。学前儿童开始意识到角度的概念，明白从不同的位置看到的空间关系是不一样的。尽管让学前儿童理解"当和朋友面对面时，他们左边的物体落在朋友的右边"还需要更多时间，但早期的经验能够为他们的这种缜密思维奠定好基础。

关键经验三：大脑可以形成并操作有关空间关系的视觉图像。

【练习与应用】

单项选择题

1. 学前儿童认识空间方位的顺序是（　　）。
A. 上下—前后—左右　　　　　　　B. 上下—左右—前后
C. 前后—上下—左右　　　　　　　D. 前后—左右—上下

2. "知道 2 个正方形可以拼成 1 个长方形，1 个正方形可以分为 2 个三角形"是（　　）年龄段儿童的形状认知活动的教学目标与内容。
A. 3～4 岁　　　　B. 4～5 岁　　　　C. 5～6 岁　　　　D. 3 岁前

3. "能用常见的几何形体有创意地拼搭和画出物体的造型"是（　　）年龄段儿童

的形状认知活动的教学目标与内容。

A. 3～4 岁　　　　B. 4～5 岁　　　　C. 5～6 岁　　　　D. 3 岁前

4. 佳佳能画出自己家到幼儿园的路线图,请问佳佳现在至少是(　　)。

A. 3～4 岁　　　　B. 4～5 岁　　　　C. 5～6 岁　　　　D. 3 岁前

任务3　学前儿童图形与空间学习指导

一、学前儿童图形活动指导策略

《指南》建议,教师应用多种方法帮助学前儿童在物体与几何图形之间建立联系,引导学前儿童感受生活中各种物品的形状特征,并尝试识别和描述;引导学前儿童注意观察生活物品的形状特征,鼓励他们按形状分类、整理物品,如感受和识别盘子、桌子、车轮、地砖等物品的形状特征;鼓励和支持学前儿童用积木、纸盒、拼板等各种材料进行建构游戏和制作活动,如用长方形的纸盒加两个圆形瓶盖,制作"汽车"。收拾整理积木时,教师可引导学前儿童体验图形之间的转换,如两个三角形可组合成一个正方形,两个正方形可组合成一个长方形。

(一)学前儿童图形认知活动的一般指导策略

1. 根据年龄特点,进行有针对性的教学

每个年龄段的儿童都有其对应的几何图形认知特点。教师在进行日常教育活动时要根据其特有的认知特点进行有针对性的教学。

小班儿童思维具有形象、具体等特点,针对其有关几何图形的生活经验较缺乏的特点,教师可以多运用生活中常见的物体举例,也可以让学前儿童在生活中找相似的图形来培养他们的图形认知能力。针对学前儿童认识的图形结构种类单一这个问题,教师需要准备丰富的教学材料,在教学中提供多种多样的图形变式,使学前儿童在熟悉各种感性材料的基础上,概括地抓住图形的本质特征。

中班阶段是学前儿童几何图形认知发展最快的阶段,此阶段的儿童关于几何图形的生活经验日渐丰富,教师需要加深学前儿童对于几何图形基本特征的感知,增强学前儿童对图形的边与角的理解。与此同时,中班儿童对几何图形有了一定的理解水平,适时地在活动中渗透立体几何的相关知识,有助于其立体图形认知的发展。

大班儿童能够正确认识和区分大部分平面图形和立体图形,能够理解几何图形的基本特征,能够进一步理解图形之间较为复杂的组合关系。鉴于此,教师需要丰富大班儿童的操作材料,增加不同几何图形的拼接任务的难度,培养他们图形拼插、组合的能力以及图形创造力。

2. 提供多种形式的教学,帮助学前儿童获得感性认识

集体教学活动是学前儿童获得几何图形知识的重要途径,教师在教学活动中应

采取多种方式进行教学，让他们获得丰富的有关几何图形的感性认识。教师可以通过对比、分割、折叠、分类、拼搭等多种活动来增进学前儿童对几何图形的认识。教师还可以通过观察、触摸等多种方式让学前儿童从视觉、触觉等多方面来感知物体的轮廓，在感性认识的基础上，逐步抽象出几何图形的相关知识，并且引导学前儿童用正确的名称来命名。

区域活动是学前儿童通过自我探索，在活动中主动地感知和思考，建立自己表象概念的有效活动。教师可以在设置区域活动的过程中增加几何图形认知的相关操作，帮助学前儿童发展几何图形认知。在益智区，教师可以增添图形配对卡、图形分类卡、框架拼图，还可在建构区增加各种颜色的积木、嵌接拼插类积塑，让学前儿童通过操作相关材料增加对几何图形的认知、增进理解。

在活动环境创设中，教师应当充分运用活动室的背景墙、宣传栏、教室挂件等来设置相关的几何图形类的材料以及学前儿童关于几何图形的绘画，让学前儿童在生活中能够随时接触、感知几何图形，从而增加其感性认识。

3. 开展实际操作，让学前儿童感知图形特征

感知图形特征的最佳途径是，操作实际材料。在实际操作活动中，教师可以根据学前儿童不同的年龄层次，让其采取不同的操作方式。

（1）涂色

教师可以让学前儿童先在白纸上随意拓印出各种图形，再涂上自己喜欢的颜色，然后说出图形的名称。

（2）镶嵌

给出一个缺失部分内容的几何图形，让学前儿童在不同的几何图形中，选择一个合适的图形，填补缺失的部分。

（3）折叠

学前儿童按照折纸上已有的虚线折叠出不同的平面图形，然后说出图形名称及它们的特征。

（4）分类

教师可以给学前儿童提供多种不同形状的平面图形，或者相应的实物。这些图形、实物要求在大小和颜色上要有所不同，然后让学前儿童按照不同的特征进行分类。最初可以选择按形状分类，然后提高难度，按照颜色和形状两种特征进行分类，或者按照颜色和角的数量进行分类，等等。

（5）寻找和配对

寻找和配对是要求学前儿童根据指定图形的名字或者特征，在给出的各种图形或实物中找出与之相对应的，或者可以让学前儿童寻找身边与图形相对应的实物。

（6）拼搭

给学前儿童提供大小、形状、颜色不一的各种图形，让学前儿童自由地拼搭自

己喜欢的图形，并说出自己在拼搭过程中运用了哪些图形。

4. 让学前儿童运用多种感官，感觉形体特征

应让学前儿童运用多种感官，感知、理解身边的事物。对形状的认知，更是需要各种感官的参与。教师在图形教学中，可引导学前儿童通过看一看、摸一摸、摆一摆、玩一玩等各种方式，感受图形的特征。

例如，在玩积木的过程中，教师可以引导学前儿童观察"什么是平的，什么是圆的，什么是弯的"等，然后让他们用手去触摸、感知"平的""圆的""弯的"等特征，再找一找身边的实物中哪些实物也具有这些特征。

(二)图形认知的集体教学活动指导策略

1. 出示实物，感知图形特征

学前儿童图形认知教学活动的目的是让他们认识身边的世界，因此，将实物与图形相结合是教师在教学活动中可以采用的一种方式。教师出示不同形状的实物，让学前儿童利用多种感官进行感知，可以看一看、摸一摸、玩一玩。先让学前儿童拥有一个具体的感性认识。

2. 观察比较，理解几何图形

在感性认识的基础上，让学前儿童说说活动中呈现的一种几何图形的特征，或者两种图形的不同特征。如果是认识一种图形，教师不仅要引导学前儿童认识几何图形的常见形式，还可以给学前儿童出示图形的变式。例如，在小班"认识三角形"的活动中，教师不仅要让学前儿童认识常见的、平放的、对称的三角形，还应该出示不对称的三角形以及倒立的、倾斜的三角形，让学前儿童观察、理解倒立的、倾斜的三角形只是形式发生了变化，它的基本特征不变，还是三角形。

3. 实际操作，比较图形特征

在实际操作的过程中，学前儿童不仅对几何图形有了深度的感性认识，还能更好地理解图形的基本特征。在此过程中，教师要给予学前儿童丰富的操作材料，并给予他们足够的时间和空间，允许学前儿童自主探索。在学前儿童探索、操作的过程中，教师可以给予个别指导。在学前儿童探索阶段的结束期，教师可以组织学前儿童讨论，让其大胆说出自己的探索发现，对于积极发言和有创见的学前儿童给予鼓励和表扬。

4. 组织游戏，巩固理解图形

游戏是学前儿童最喜欢的活动。教师可以在确认大部分学前儿童对几何图形有了基本的理解和认识后，组织相关的游戏活动。通过游戏，巩固学前儿童对几何图形知识的理解。在组织游戏前，教师要注意游戏规则的设立，并让学前儿童理解规则，保证游戏顺利开展，达到巩固、理解知识的目的。游戏活动结束时，教师还要注意总结。总结时要注意对学前儿童的表现和活动本身进行评价。

(三)其他领域活动中图形的渗透教育指导

形状在学前儿童生活中随处可见，因而各领域学习中对形状的渗透教育自然较多。

在语言领域中，可以通过"猜谜语"的活动，让学前儿童进一步加深对各种形状的特征的理解。例如，有关正方形的谜语："四个兄弟一样长，两两相对围成框，阅兵队形常用到，对称轴儿有四条。"

美术活动本身就包含形状的学习活动。例如，在折纸活动中，要求学前儿童对正方形的纸进行对折，可以折成两个一模一样的三角形，还可以折成两个一模一样的长方形。活动中可以鼓励学前儿童对不同的形状进行组合，组合成常见的物体的形状。在泥工活动中，学前儿童可以把球搓成圆柱，把圆柱搓成各种自己想要的形状等。

在体育活动中，在组织学前儿童站队形的过程中，可以渗透有关圆、正方形、长方形等形状的教育。教师可以有意识地引导学前儿童认识各种形状的体育器材，如篮球、足球、排球、乒乓球，各种形状的平衡板，各种大小的体操垫等。

(四)环境创设、区角材料准备、生活和游戏活动中形状的学习指导策略

幼儿园的环境创设中会用到各种形状。例如，家园共育栏，可以创设心形的主题墙，表示幼儿园和家庭团结一心，共同营造一个爱的环境，促进学前儿童德育的发展。通常，幼儿园的班级环境创设都是以长方形的主题墙为基础的。在幼儿园的走廊和楼梯的环境创设中，可以利用长方形、正方形、圆等各种形状进行装饰，营造优美、宁静的园所环境。

在区角材料中，学前儿童可以接触到各种不同的形状。"超市"的角色区中有盛放各种物品的盒子、瓶子，积木区里有各种形状的积木，这些都是学前儿童学习图形的材料。教师在学前儿童开展拼搭活动时，可以引导他们观察、比较不同形状的积木的特征，引导他们思考可以组合成哪些不同的形状。

生活中，我们可以引导学前儿童运用已经掌握的几何图形知识，寻找与所认识的图形相似的物体或物体的一部分。例如，散步时，可以让学前儿童寻找周围有哪些物体跟学过的图形类似。用餐时，可以引导学前儿童观察餐具的形状，如碗口是圆形的，勺子上有个椭圆形，等等。

在游戏活动中，操作各种游戏材料也给学前儿童提供了进行几何图形学习的好机会。游戏过程最能激发学前儿童学习的热情和兴趣，也是学前儿童创造力发展的大好时机。教师要充分发挥这些游戏材料的数学教育价值，利用这些材料为学前儿童设计有趣的数学活动。

二、学前儿童空间活动指导策略

(一)丰富学前儿童空间方位识别的经验，引导他们运用空间方位经验解决问题

请学前儿童取放物体时，使用他们能够理解的方位词。例如，把桌子下面的东西放到窗台上，把花盆放在大树旁边等。和学前儿童一起识别熟悉场所的位置，如超市在家的旁边，邮局在幼儿园的前面。

(二)在体育、音乐和舞蹈活动中引导学前儿童感受空间方位和运动方向

和学前儿童玩"按指令找宝"的游戏。对年龄小的儿童要求他们按语言指令寻找，

对年龄大些的儿童可要求其按照简单的示意图寻找。

身体运动游戏是另一种帮助学前儿童思考和理解空间关系的重要方式。那些需要学前儿童以特定的方式回应的儿歌和舞蹈，提供了有趣的方式帮助学前儿童通过移动身体来发展方位认知能力。例如，国外歌曲《变戏法》，我国传统游戏"老狼老狼几点了"等。这些活动的集体性质也使得那些不清楚方位词汇含义的儿童能通过有意思且令人兴奋的方式来学习。与此同时，年龄大的儿童能在这些活动中享受做领导者的乐趣，他们也乐于想出新的点子。（图4-1）

图4-1　在身体动作中感受空间变化

（三）利用积木游戏引导学前儿童感受空间方位

3～4岁的儿童需要时间来摸索积木，亲手铺设路面，将积木搭成围墙，再逐步建设桥梁……形成了基本的结构性认识之后，学前儿童开始使用这些工具来建构模型，建构的内容正是他们每天不断接触并逐步加深了解的日常生活中的事物。年龄大的儿童有更多的玩积木的经验和较好的口头表达能力，他们更容易使用积木来搭建特定的"世界"。教师也可以通过一系列措施来促进学前儿童使用积木的象征性功能。例如，把小玩偶和汽车放在积木角，或者通过一些建筑画报启发学前儿童。尽管所有的组合积木游戏都非常有意义，但表征性积木游戏在促进学前儿童分析空间关系上有其独到的优势。（图4-2）

图4-2　积木游戏促进学前儿童的空间发展

通常，学前儿童不能使用一长串的空间描述符，但积木游戏能够鼓励他们找到有效的方法来表达自己需要什么。对于一个不在现场、看不到比画动作的人来说，学前儿童说"那块，这样弯"是非常不精确的。然而如果他们说"火车可以在这个环道上行驶并回到车站"，则能清晰地提供有关轨道如何运行的画面。积木角本身有强烈的空间元素，但只有当学前儿童需要协商和讨论，并用语言来呈现他们的创造时，才能引发空间思维需求。

(四)利用照片引发学前儿童讨论空间

照片，对于讨论空间关系特别有用。通过把物体的空间位置关系图像化，能够让学前儿童对空间关系进行思考，并将其与其他的空间关系图进行比较，这是许多其他的媒介难以做到的。在实际生活中，空间关系不断改变。例如，将椅子移到另一张桌子旁边，或者把积木收起来明天再用，都改变了物体的位置关系。照片能够创造一个有关空间的、简易的、可共享的视觉表征，并反复用于深入讨论。

对于学前儿童来说，要理解图画中有关物体方位的表征所包含的数学概念，关键就是讨论。教师需要帮助学前儿童学习描述空间关系的词语。数学无所不在，生活中有无数的机会来支持学前儿童这方面语言的发展。一个简单的"照片中，画刷放在哪儿"的提问，就是一个很好的机会，可让学前儿童描述他们对空间的理解。如果学前儿童的回答是一个姿势/手势和一句短语"在那儿"，教师就正好可以借这个机会教他们如何更准确地描述："对，窗户旁的架子上有个咖啡罐，画刷放在那个罐子里面。"如果教师的空间语言是丰富而准确的，随着时间的流逝，学前儿童的语言和理解也会变得更加准确和精细。(图 4-3)

图 4-3 利用照片引发空间讨论

(五)运用绘画和地图促进学前儿童的空间能力发展

命名并用语言描述位置和空间关系并不是理解空间关系的唯一形式，也不是发展这种认识的唯一途径。绘画(画地图)以及在空间中移动是学习方位和移动方向时同样重要和"正当"的方式。事实上，对于很多语言尚未完全发展的学前儿童来说，这些方法恰恰是最好的学习出发点，教师可以使用这些方法来强化学前儿童所需的语言。例如，让学前儿童使用积木建构动物园等活动有助于学前儿童使用空间语言来实现他们的想法，然后换种方式，可以用地图来重新描述同一组空间关系。

受发展水平的限制，学前儿童不能像成人那样具体地描述空间关系，包括建立比例尺的概念，明白地图上的 1 厘米相当于实际中的 1 个街区或 1 千米（10 千米或 100 千米）。但是，可让学前儿童把周围的环境，如他们的卧室、教室或者去学校的路径进行地图化，这种经验越多，就越能增进他们对如何表征空间关系的认识，从而为理解几何做好准备。（图 4-4）

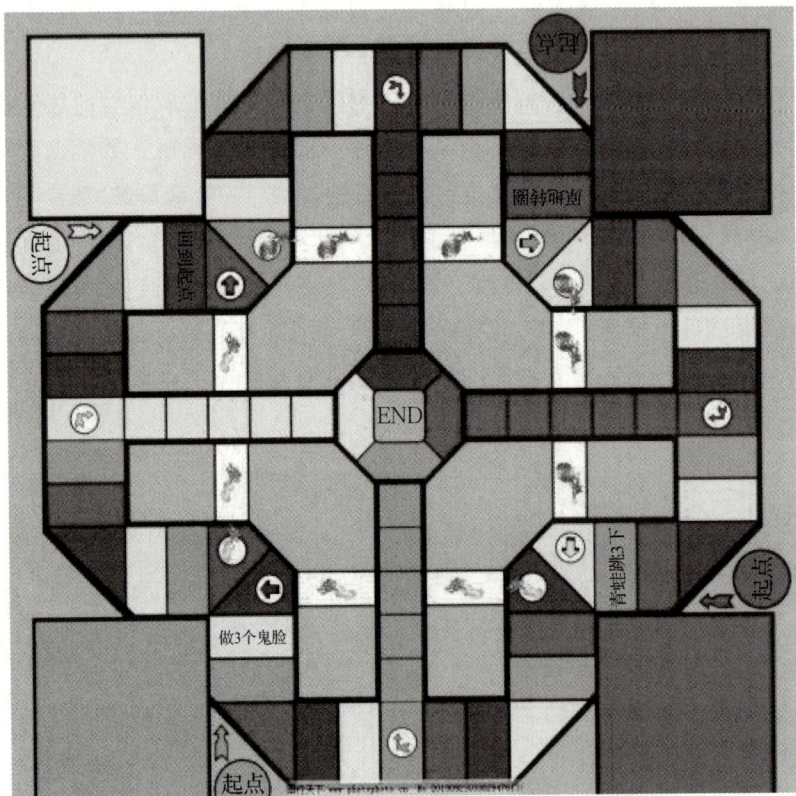

图 4-4　在游戏中促进学前儿童的空间能力发展

（六）利用图画书促进学前儿童的空间能力发展

有很多图画书能够改编为教室里的闯关活动。例如，《母鸡萝丝去散步》等绘本，这些书中的故事涉及参与者在旅行中的一些行为，"经过……通过……在……上面和穿过……"等，会涉及许多不同的物体和地方。这些故事可以成为教师设计活动的出发点。教师可以创造自己"散步"的路径，如经过艺术中心，通过积木角，从阅读地毯上……穿过大厅……

事实上，运动员和音乐家通常都有着很强的心理转换技能。理论上讲，运动员花大量时间在空间中缜密而有效地移动自己的身体，而乐曲是用空间表示法来谱写的。机械师、脑外科医生、工程师、厨师、焊工和雕塑家每天都要使用心理转换技能。给学前儿童提供多种机会做拼图，画画，走迷宫，用单元积木块、拆装玩具和空心砖来搭建城市，跳舞，用橡皮泥做小作品，在户外的攀爬结构上玩耍，都能锻炼他们对空间进行想象和心理加工的技能。

幼儿园里处处都有让学前儿童探索空间关系的机会。无论是通过身体、语言、积木、画笔、纸张、拼图，或是娃娃家的玩具，空间都是学前儿童活动的媒介。不难发现，空间是学前儿童日常生活的一部分。教师要知道如何以及在何时帮助和推动学前儿童理解空间概念，知道如何吸引学前儿童的注意力，让他们关注这些难以捉摸的空间概念，并通过不同的方式提供多样化的机会来让学前儿童进行探索和操作。总而言之，我们可以通过积木和其他建构性材料、动作儿歌和动作游戏、非正式的游戏和活动(如闯关游戏和地图活动)等帮助学前儿童理解空间关系。

任务4　学前儿童图形与空间活动设计案例

一、集体数学活动设计案例

案例 4-4-1

活动名称

大班数学游戏：左手右手

活动背景

游戏是学前儿童的基本活动方式，儿歌是学前儿童喜闻乐见的艺术形式，将两者结合起来开展数学活动，有利于提高数学活动的趣味性，激发学前儿童的数学学习兴趣。

"左手右手"
活动视频

活动目标

1. 在游戏过程中正确地认识左边、右边，培养空间方位感。

2. 通过游戏掌握左手、右手与左边、右边之间的对应关系。

3. 积极主动地参与游戏，培养敏捷的反应力。

活动准备

1. 经验准备：能根据事物之间的联系一一对应(在活动过程中，能知道红色对应右手，绿色对应左手)。

2. 物质准备：每个小朋友两个手环，一红一绿；每个小朋友一个动物头套(各不相同）；两首儿歌《左手右手》《祖国的花朵》。

活动过程

一、歌曲导入，引出活动主题

1. 教师播放歌曲《左手右手》，请儿童仔细听。

师：小朋友们早上好，老师今天给小朋友带来了一首歌曲，请小朋友们仔细听，老师一会儿会进行提问。

2. 针对歌曲进行提问，引出主题。

师：小朋友们，刚刚的歌曲里面提到了我们身体中的哪个部位呀？请小朋友告诉老师，你们知道吃饭写字的那只手是左手还是右手吗？举起来给老师看一下。

教师总结：哦，看来我们的小朋友都非常棒，老师今天为了让你们正确地认识左手跟右手，给每个小朋友都准备了一副手环，小朋友们仔细听，请你们把红色的那只手环戴到右手上，把绿色的手环戴到左手上，听明白了吗？那去后面把手环戴好吧，不要争、不要抢。

二、活动展开

1. 将手环戴好，教师带领儿童进行热身。

师：小朋友们都戴好了吗？今天我们来做一个游戏，在游戏开始之前，老师要告诉小朋友们一个非常重要的事情，请小朋友们要牢牢地记住，我们戴红色手环的手是右手，戴绿色手环的手是左手，小朋友们听清楚了吗？请小朋友先举起你们的右手给老师看一下，左手呢？在哪里？

2. 教师镜面示范。

(1)请小朋友用右手摸右脚脚尖，左手摸左脚脚尖，往下弯腰，来回8次。

(2)请小朋友们举起你们的右手，再举起你们的左手，向上跳8次。

(3)请小朋友们像老师这样，伸出右脚(左脚)，往右边(左边)压腿，压8次。

热身结束，教师提问：小朋友们的热身结束啦，有没有小朋友在热身的过程中发现了什么？

教师总结：这位小朋友说得非常对，老师奖励你一个大拇指，没错，跟着右手的这边叫作右边，跟着左手的这边叫作左边。

3. 热身结束，开展游戏。

(1)儿童戴好动物头套。

(2)教师解释游戏规则与玩法。

师：老师放音乐，请小朋友们跟着音乐围成一个圈跑，当音乐停止的时候，小朋友们站在原地不要动，老师会进行提问哦。

(3)游戏开始，教师播放歌曲《祖国的花朵》。

(4)音乐停止，教师提问。

例如，某某小朋友，你的左边(右边)站着的是哪位小朋友？

过渡语：看来，这个游戏已经难不倒你们了，老师要修改游戏规则了，请小朋友们认真听，我们要进行比赛，老师的规则是，老师放音乐，小朋友们围成圈跑，当音乐停止的时候，哪位小朋友的左边（右边）站着的是某某（小动物），哪位小朋友就获胜，听明白了吗？要注意安全哦。

游戏结束，教师宣布获胜的小朋友，给予小红星奖励，对于没有获胜的儿童，鼓励他们下次继续参与游戏。

三、放松环节，结束活动

结束语：看来，我们的小朋友都非常厉害，让我们为自己鼓鼓掌。现在让我们来放松一下，请小朋友们向左转（右转），捏一捏你前面小朋友的肩。

好啦，我们的游戏结束啦，小朋友们今天玩得开心吗？那现在，我们一起举起我们的右手跟老师说再见吧。

活动延伸

阅读角：阅读《母鸡萝丝去散步》《爱生气的瓢虫》《上上下下》《跟着地图走》《南瓜地里的猪》等绘本。

活动反思

_____

_____

_____

_____

_____

扫码观看其他案例

案例 4-4-2　小班数学活动
"认识形状标记"

案例 4-4-3　小班数学活动
"认识里外"

案例 4-4-4　中班数学活动
"图形变变变"

案例 4-4-5　大班数学活动
"你家往哪走"

二、区域数学活动设计案例①

📝 **案例 4-4-6**

活动名称

中班、大班数学活动:蓝绿大战

活动准备

底板 1 块(10×10 个格子);蓝色和绿色的方格组合图形若干。

活动过程

儿童分成两组,一组拿蓝色图形,一组拿绿色图形,两组轮流放。图形只能放在空格子里,不能够重叠。要求所放的图形必须与同色图形相邻,最先不能放下图形的一方输。(图 4-5)

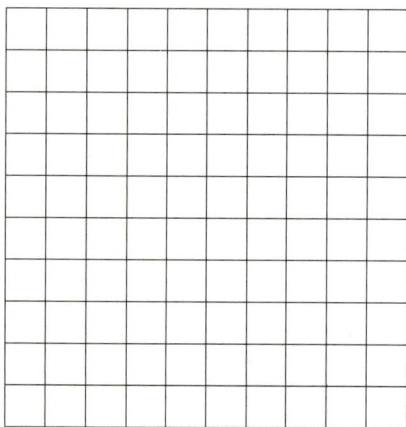

图 4-5 操作底板及方格组合图

🔷 **拓展阅读**

1.[韩]曹恩晶.我和爷爷的建筑之旅[M].李春晖,译.长春:长春出版社,2009.

2.[韩]马仲物.美术馆里遇到的数学[M].李春晖,译.长春:长春出版社,2009.

3.[韩]张善慧.寻找消失的爸爸[M].夏艳,译.长春:长春出版社,2009.

4.[韩]申知润.吃了魔法药的哈哈阿姨[M].安莹,译.长春:长春出版

---

① 黄瑾、田方:《学前儿童数学学习与发展核心经验》,297 页,南京,南京师范大学出版社,2015。

社，2009.

5. "师享童年"App 内观看视频《母鸡萝丝去散步》.

6. RITCHIE SCOT. Follow That Map! [M]. Toronto：Kids Can Press，2009.

7. [韩]金世实 . 点和线相遇[M]. 林春颖，等译 . 长春：长春出版社，2009.

8. [韩]李贵淑 . 魔法三兄弟的探险之旅（三角形）[M]. 王伟，李舟妮，译 . 长沙：湖南少年儿童出版社，2011.

9. 方芳 . 一颗纽扣[M]. 上海：华东师范大学出版社，2009.

实践训练

1. 任意选择一个教案，进行模拟实践。

2. 任意选择一个教案，下园实践。

3. 对学前儿童的"图形与空间"发展进行观察，撰写观察案例，并进行评析。

学习评价与反思

_____

_____

_____

_____

_____

_____

项目五　学前儿童量的比较与测量学习指导

？项目导入

　　沙池游戏是学前儿童最喜欢的游戏之一。教师在沙池里放了不同尺寸的勺子、量杯和许多其他容器。孩子们在沙池里玩的时候会热烈地讨论哪个容器最大，这就是游戏中的比较与测量活动。学前儿童量的比较与测量的发展特点是怎样的，应掌握的关键经验有哪些，作为幼儿园教师的你，该如何发展学前儿童量的比较与测量的思维呢？（图5-1）

图 5-1　沙池环境图

思维导图

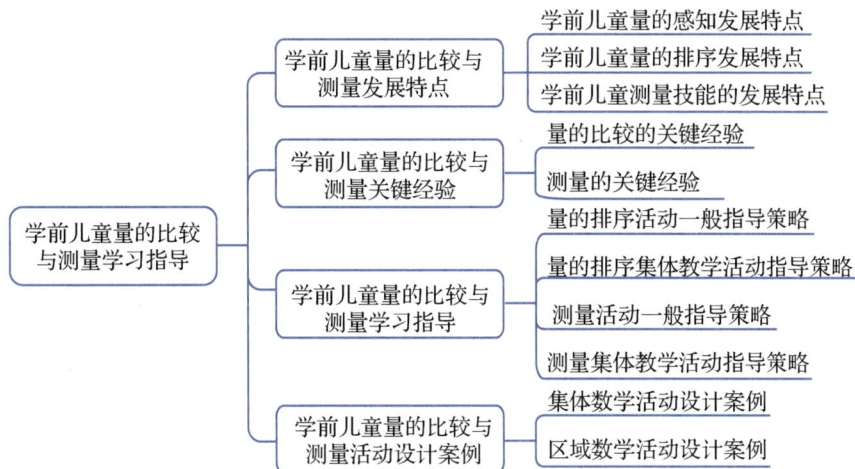

学前儿童量的比较与测量学习指导
- 学前儿童量的比较与测量发展特点
  - 学前儿童量的感知发展特点
  - 学前儿童量的排序发展特点
  - 学前儿童测量技能的发展特点
- 学前儿童量的比较与测量关键经验
  - 量的比较的关键经验
  - 测量的关键经验
- 学前儿童量的比较与测量学习指导
  - 量的排序活动一般指导策略
  - 量的排序集体教学活动指导策略
  - 测量活动一般指导策略
  - 测量集体教学活动指导策略
- 学前儿童量的比较与测量活动设计案例
  - 集体数学活动设计案例
  - 区域数学活动设计案例

学习目标

1. 意识到量的比较与测量活动在学前儿童心理序列发展中的重要意义。

2. 掌握学前儿童量的比较与测量的发展特点及各年龄段的关键经验；熟悉此类活动的指导策略。

3. 能科学地组织、实施与评价量的比较与测量活动，能科学地评价学前儿童量的发展情况。

典型案例 ▶

户外活动中，佳佳、浩浩还有其他几个孩子在滑滑梯，佳佳一边玩一边对浩浩说："这个洞我爸爸肯定钻不过去，他太胖了，你爸爸有可能能钻过去，他比我爸爸瘦多了。"

> 想一想：案例涉及量的比较的哪个关键经验？佳佳在量的比较方面有何发展特点？

知识储备

任务1 学前儿童量的比较与测量发展特点

所谓量是指客观世界中物体或现象所具有的可以定性区别或测定的属性。量的比较是根据具体特征或属性，探寻两组事物或几组事物之间的关系。测量，是指把一个要测定的量同一个作为标准的同类量进行比较的过程。用来作为计量标准的量，叫作计量单位,所得的结果叫量数。

一、学前儿童量的感知发展特点

总体来说,学前儿童对量的感知理解能力随着年龄的增长而增强。具体表现在:对量的差异的感知由绝对到相对,对量的差异的词语描述由简单到复杂,对量的差异的区分由笼统到精确。

"学前儿童量的感知
发展特点"微课

(一)对量的差异的感知由绝对到相对

小班儿童对量的差异是通过直接感知进行比较的,他们不能理解量的相对性,往往把物体的大小、长短等特征看作是绝对的。例如,我们经常会听到学前儿童说"我的书最多""我爸爸力气最大""我的气球最大"等(如案例5-1-1)。

中班儿童对量的差异的感知能力进一步提高,在成人的引导下,他们对不同大小的物体能依次做出区分和排列,能在一组物体中,找出相同大小的物体。

大班儿童能理解大小、长短、宽窄等量的差异的相对性。例如,教师在对红、黄、绿三色纸条依次做出比较的基础上提问:"红纸条长还是绿纸条长呢?"有些儿童说:"红纸条和黄纸条比,红纸条长;红纸条和绿纸条比,红纸条短。""看红纸条和谁比较了。"由此可见,学前儿童对长度的理解具有了相对性,不说谁是最长的,还要看比较的对象。

📝 案例 5-1-1

小班儿童离园前,教师分发拼插玩具雪花片。贝贝、萱萱和丽莎分到的雪花片明显不一样多。

师:你们三个人的雪花片,谁的最多?

贝贝:"我的最多。"

萱萱:"我的最多。"

丽莎:"我的最多。"

(二)对量的差异的词语描述由简单到复杂

小班儿童首先掌握的是表示量的差异的积极词语,在日常表达中积极词语出现的频率较多,如"我的苹果大""我的画笔长"等。小班儿童还常把"大、小"作为所有量的比较的通用词,如"高的""长的""胖的""宽的"都是"大的";"矮的""短的""瘦的""窄的"都是"小的"(如案例5-1-2)。到了中班和大班,儿童对量的差异的词语描述逐渐丰富起来。

案例 5-1-2

贝贝、萱萱和丽莎三个小女孩坐在一起玩雪花片，三个人都把雪花片往自己怀里揽，不愿意分享。

老师想知道她们的年龄，于是问："你们三个谁最大？"

萱萱："站起来比一比就知道了。"

萱萱刚满 3 岁，她认为高的就是大的。

(三)对量的差异的区分由笼统到精确

学前儿童对量的差异的区分最初是笼统的，随着年龄的增长，逐渐发展为能比较精确地区分量的大小、多少等。有研究表明，2 岁左右的儿童能对不同大小的物体做出反应，但不能判断有明显差异的两个质量不同的物体；3～4 岁儿童虽然已经在生活中积累了大量的关于不同类型量的感知经验，但是对于物体的量的感知还是较为笼统和模糊的，仅能区分物体之中最大的、最小的和最长的、最短的；4～5 岁的儿童判别大小、长短、轻重等量的差异的精确性有了较大提高，能够对差异不是很明显的物体依次进行比较和区分。[①]

二、学前儿童量的排序发展特点

(一)学前儿童量的排序能力存在显著的年龄差异

有研究表明，学前儿童量的排序能力随着年龄的增长而不断提高。在各个量的排序上，近一半的小班儿童基本不能完成物体的排序，而到了大班，儿童能够完成一般物体的排序。小班儿童只能在很小的数目范围内对单一属性进行排序，大班儿童这方面的能力则明显提升。

案例 5-1-3

在小班益智区，琳琳在玩卡片排序的游戏。卡片上方是一个水桶，下方是 4 个粗细不一的水桶，琳琳看了看，有些犹豫。

老师问："这里有 4 个水桶，哪些水桶比它(指着上方的水桶)粗，你能把它们找出来吗？"

琳琳找出一个最粗的。

老师又问："还有吗？"

---

① 周端云、段志勇：《幼儿数学教育与活动指导》，86 页，武汉，武汉大学出版社，2015。

琳琳把剩下的都找了出来。

老师说:"你可以把这些水桶(共 5 个)按从大到小的顺序排列吗?"

琳琳很高兴地按从大到小的顺序一个一个地排好了。

(二)排序能力发展呈现一定的规律性

学前儿童对各种量的排序遵循由直观感知到认识抽象概念的发展规律。小班儿童通常会通过尝试重叠对应来完成排序活动。例如,在区角活动中,把大小不同的盒子依照盒子的轮廓画下来,依序贴在地面上,在整理玩具时,请学前儿童把盒子对应地放在按大小顺序排列的轮廓图中,一般学前儿童都能完成这种任务。中班儿童能开始真正的排序活动。大班儿童排序的目测能力显著提高,部分儿童在排序时有了自己的方法和策略(如案例 5-1-4)。

案例 5-1-4

在大班建构区,丁丁把条形积木块都清理了出来,一共有 9 块,准备把它们排成一排。只见他先把所有的积木块先一端对齐,然后从中间挑出一块凸出最多的放在最前面,嘴里说,这一块最长,要放在最前面。然后再从剩余的积木块中挑出最长的一块放在第二位……终于把所有的积木块都按从长到短的顺序排好了,丁丁非常开心。

(三)排序策略的运用经历从无到有的过程

小班儿童基本没有排序策略,在排序过程中展现的是一个不断试误的过程(如案例 5-1-5);中班儿童开始有一些排序策略,如会先目测一下,然后尝试排序;大班儿童则会熟练运用排序方法,排序的正确性和系统性都有所提升。

案例 5-1-5

用具:小班蒙氏数学操作材料——圆柱。教师把四个圆柱从操作板上拿出来,然后打乱顺序,让 3 岁的蒙蒙把圆柱送回家。蒙蒙先是拿起一个最小的圆柱,放进了一个最大的空格处,然后拿起一个最大的圆柱,尝试着放进空格,发现没有一个能放进去,然后看看教师。教师笑笑说:"是不是有圆柱宝宝已经在它家住下了?"蒙蒙突然醒悟了,把那个最小的圆柱从空格中拿出来,再把最大的圆柱放进去,刚刚好。

三、学前儿童测量技能的发展特点

一般来说，学前儿童测量技能的发展比数概念的发展要晚些，因为测量涉及把一个整体分解成一个一个小单位，再进行逻辑相加，比计数一组离散的物体的个数困难很多。皮亚杰借助用各种形状的积木搭成的塔来研究学前儿童测量技能的发展特点，他认为学前儿童测量技能的发展有三个阶段。

"学前儿童测量
发展特点"微课

(一)只用视觉比较进行测量

通常情况下，3～4岁儿童的测量技能处于该水平。处在该年龄段的儿童，其测量方法只是进行视觉比较，即目测，并不企图运用任何测量工具，如木棒、绳子等。

案例 5-1-6

在积木区，4岁的妞妞看到丁丁搭了一座城堡，说我也要搭一座这样的城堡。然后就开始专心搭自己的，不再去看丁丁的城堡了。搭了一会儿，她觉得不满意，就拆掉，再搭。当她拆了很多次之后，教师过来问："妞妞为什么要拆掉自己的城堡呢？"她告诉老师想搭一座和丁丁一样高的城堡。教师说："那你的城堡和丁丁的一样高吗？"妞妞说是的。教师给了她一根木棒，她也只是放在一边，并没有拿过来量一量。

(二)学前儿童尝试用测量工具，但运用得不正确

一般来说，4～5岁儿童的测量技能已经达到该水平。这个阶段的学前儿童仍然缺乏空间的协调观念。皮亚杰的研究发现，该阶段的学前儿童在搭建两座塔时，会尝试使用木棒，但只是把木棒放在两座塔的塔顶，并不考虑两座塔的底部是不是在同一个水平面上。学前儿童还会尝试用自己的手臂去测量两座塔的高度是否一致。当发现有比身体更方便的工具时，就会尝试着去使用。这个阶段的儿童还能感知等量关系的传递性。

案例 5-1-7

马蒂老师想在量的比较的过程中帮助孩子们思考如何测量周长。她决定在"娃娃家"增加一组精心挑选的皮带。首先，她要利用这些皮带设计一些有关测量的有益游戏。她把皮带放在地毯上，邀请大家评论皮带的异同。几分钟后，5岁的乔温指着一条皮带说："这条最大。"马蒂老师问："为什么这条最大？你是怎么知道的？"乔温

把手臂张得大大的，说："因为它有这么长，比其他的都长。"马蒂老师转向其他孩子，问："有什么方法可以证明乔温指出的皮带是最长的？"[1]

（三）测量已成为一种智慧或运算水平

5~6岁儿童的测量技能处于这一发展水平。这一阶段的学前儿童能够将任意长度的物体作为普通的测量工具。比如，学前儿童会利用成人给他的小棒，有意识地去测量两座塔的高度，且会考虑测量的方法是否正确。有研究证实，在一定的教育条件下，5~6岁的儿童能够理解测量，并且会对其产生出强烈的兴趣。

案例 5-1-8

马蒂老师在数学区放了许多条不同长度的纸带，并把它们与沙桌里的容器放在一起。她请孩子们用纸带围绕容器一圈，测量长度并剪下来。卡亚和本（儿童名）制作了一些这样的纸带之后，兴奋地跑来告诉马蒂老师："我们可以用这些纸带判断哪些容器比较胖，哪些容器比较瘦！"卡亚用纸带围绕着酸奶瓶瓶口量出了长度，马蒂老师帮着他把纸带剪成合适的长度。本用一根纸带圈住宽口奶油瓶的最上端，并解释说："这样才公平——我把带子放在同样的地方。"把两根纸带都剪成对应的长度后，他们拿下纸带，并排放在一起。卡亚拉动自己的纸带让它超过了本的纸带，本纠正道："从同一个地方开始才是公平的！"卡亚同意这个想法，他们细心地将摆在桌边的纸带对齐。[2]

【练习与应用】

一、单项选择题

1. 我们经常会听到学前儿童说"我的书最多""我爸爸力气最大""我的气球最大"等，这表明学前儿童的量的认知发展特点是（　　）。

A. 对量的差异的感知由绝对到相对

B. 对量的差异的词语描述由简单到复杂

C. 对量的认知有显著的年龄特点

D. 对量的差异的区分由笼统到精确

---

[1] 美国埃里克森儿童发展研究生院早期数学教育项目组：《幼儿数学核心概念：教什么？怎么教》，张银娜、侯宇岚、田方译，116页，南京，南京师范大学出版社，2015。

[2] 美国埃里克森儿童发展研究生院早期数学教育项目组：《幼儿数学核心概念：教什么？怎么教？》，张银娜、侯宇岚、田方译，117页，南京，南京师范大学出版社，2015。

2."学前儿童尝试用测量工具，但运用不准确"属于以下哪个年龄段儿童测量技能的发展特点？（　　）

　　A. 小班　　　　　　B. 中班　　　　　　C. 大班　　　　　　D. 托班

3. 关于测量意识，以下说法正确的是（　　　）。

　　A. 小班儿童就有测量意识　　　　　　B. 小班儿童没有测量意识

　　C. 中班儿童没有测量意识　　　　　　D. 大班儿童没有测量意识

4. 关于测量技巧，以下说法正确的是（　　　）。

　　A. 测量技巧对学前儿童来说不重要　　　　B. 可以从任何一个地方开始测量

　　C. 测量要首尾相接　　　　　　　　　　D. 可以间断测量

5. 关于排序策略，以下说法正确的是（　　　）。

　　A. 小班儿童没有排序策略　　　　　　B. 中班儿童没有排序策略

　　C. 大班儿童没有排序策略　　　　　　D. 小班儿童有排序策略

二、案例分析题

分析案例 5-1-8 中儿童的行为和教师的行为。

任务 2　学前儿童量的比较与测量关键经验

一、量的比较的关键经验

所谓比较，是根据某些具体特征或属性在两个物品或两组物品间建立关系，是学前儿童数学学习中最常用的方法之一，也是个体思维的最基本过程，因此，数学学习和思维活动离不开比较。对学前儿童而言，学会正确和有逻辑地进行比较，是其数学学习所要追求的重要价值之一。

(一)确定属性特征是量的比较的重要前提

在量的比较中，确立并区分物体不同的属性特征是一个基本前提，即使是同一个物体，也有许多不同的属性特征可以进行比较与测量。了解和确定物体的属性特征，是进行比较的重要前提。

(二)语言可用来识别和描述特定属性

《指南》中明确指出，对 4～5 岁的儿童而言要"能感知和区分物体的粗细、厚薄、轻重等量方面的特点，并能用相应的词语描述"。可见，用正确的语言来识别和描述物体量的差异是量的比较的基本要求。用丰富的语言来识别和描述特定的属性是非常重要的，尤其是对于年龄小的学前儿童而言。他们可能在生活中已经积累了有关物体的量的差异的一些感性经验，但感知和区分并不代表能用准确清晰的语言加以描述。有时他们往往会用"大、小"来概括和表述所有量的差异。因此，让学前儿童不仅会说"更大"，也会说"更长""更重""更宽"等非常重要，它是学前儿童数学思维抽象水平的具体反映。

(三)量的比较具有相对性、传递性

所谓量的比较的相对性是指由于比较的对象不同，量的属性特征也是相对的而非绝对的，即大娃娃与小娃娃比是大的，但当与更大的娃娃比时它又是小的。因此，娃娃本身的大小是相对的而非绝对的。所谓传递性是指通过与不同对象的量进行比较，可以预测和推断出另两个(组)物体的量的比较结果，如 $A<B$，$B<C$，则可以推断出 $A<C$。

二、测量的关键经验

所谓测量，就是把一个待测定的量与一个标准的同类量进行比较，是一种间接比较。例如，我们要测量某个物体的长度，就要用测量长度的工具进行比较。学前儿童主要运用自然测量工具进行直接测量。所谓自然测量就是用自然物，如手、小棒、绳子等，而不是用标准测量工具，如尺子、秤等，测量物体。

"学前儿童测量关键经验"微课

《指南》中关于量的比较与测量的发展要求表述如下。(表 5-1)

表 5-1 《指南》中关于量的比较与测量的发展要求

3~4 岁	4~5 岁	5~6 岁
能感知和区分物体的大小、多少、高矮、长短等量方面的特点，并能用相应的词表示	能感知和区分物体的粗细、厚薄、轻重等量方面的特点，并能用相应的词语描述	初步理解量的相对性

综上我们可以总结，学前儿童量的比较与测量的关键经验有三个：一是计量单位的大小必须相等，测量时必须不间断或没有重叠。二是同一个物体，也有许多不同的属性特征可以进行比较与测量，了解和确定物体的属性特征是进行比较与测量的重要前提。三是计量单位与量数之间是一种反向关系，即计量单位越小，测量的物体中包含的单位数量就越多。

(一)计量单位的大小必须相等，测量时必须不间断或没有重叠

这个关键经验涉及计量单位与测量技巧。用来作为计量标准的量叫计量单位，如用小棍来测量桌子，那么"小棍"就是计量单位。

在量的比较与测量的活动中，教师首先要让学前儿童理解比较与测量的单位必须是均等的，这样才有可比性。例如，我们要比较幼儿园里桌子与黑板的长短，就

要用同一个测量工具，如竹筷等。

　　其次，教师还应让学前儿童掌握测量技巧，即测量时首尾相接，不重叠、不交叉。在测量过程中，测量方法和技巧涉及测量的始端与终点、移动方法、做记号、计算量的结果，以及量后重复测量加以验证等。教师在有关测量活动中，应当对关键性的技巧进行重点演示和讲解，以让学前儿童明白测量的步骤和技巧。例如，要测量活动室里的小黑板与小桌子哪个长、哪个短，还是一样长，可以用一根铅笔来量。教师可以边示范边讲解，从小桌子左边顶端开始，让铅笔一头与小桌子顶端对齐，顺着小桌子直边量一次，用粉笔在铅笔末端的桌边上画一条短线作为记号，说明是一根铅笔的长度。拿起铅笔，铅笔的一头与这条短线对齐再开始量，再画短线做记号……一直量到桌子右边这一头。然后请学前儿童数数这张小桌子有几根铅笔长，把数的结果记下来或记在脑子里。接着用同一量具、同样的方法测量小黑板的长度，记住小黑板有几支铅笔长。再把量的数据进行比较，初步得出哪个长、哪个短，或是一样长的结论。最后再把小黑板与小桌子的长度重新测量一遍，看看与刚才量的结果是否一样，再做出正确的判断。（图 5-2）

图 5-2　测量技巧示范图

　　最后，教师还要让学前儿童运用不同量具尝试进行操作，让学前儿童从多样化的实践中掌握这个关键经验。在学习自然测量的有关教学活动中，教师应当创设尽可能丰富的环境和材料让学前儿童自己去感知和体验，尤其是要提供多种不同的工具和材料作为量具，当然这些量具的提供方式应当和学前儿童的日常生活相联系，无论是测量的对象还是测量的工具都应当结合生活中可能遇到的有关测量问题，让学前儿童在相对熟悉的情境中学习和感知。例如，测量活动室里桌、椅的长度，让学前儿童互相比身高等，都可以启发学前儿童用各种工具作为量具尝试进行自然测量。同时，要启发学前儿童注意比较不同的量具所带来的不同结果。例如，同样是量身高，用绳子做量具和用餐巾纸盒做量具所测得的结果是不同的。通过用不同量具做比较，帮助学前儿童认识到用不同量具测量同一物体能得到不同的结果：要比较两个物体的某一个量是否相等，应当用同一种量具进行测量，这样才能得到正确的比较结果。（图 5-3）

图 5-3   多样化测量工具测量示范图

(二)同一个物体，也有许多不同的属性特征可以进行比较与测量，了解和确定物体的属性特征是进行比较与测量的重要前提

同一个物体，也有许多不同的属性特征，也可以进行比较和测量，如一个水桶可测量的属性有：高度、质量、容积等。因此，了解和确定需要测量的物体的属性特征是一个基本前提。

物体的属性特征不同，则测量工具和计量单位也相应不同，被测物体的属性特征将影响测量工具和计量单位的选择。测量大树的粗细可以用绳子、彩链条、纸条等，测量桌子的长度则用小棍、铅笔、回形针等更方便。

(三)计量单位与量数之间是一种反向关系，即计量单位越小，测量的物体中包含的单位数量就越多

当学前儿童逐渐积累了一些基于生活情境的测量相关经验后，教师要试着在测量活动中引发学前儿童思考，即对测量单位和测量结果之间的关系进行思考：同样的物体属性特征，测量工具的单位大小不同，其测量结果的数量大小也相应不同，且它们之间是一种反向关系，如用长度较长的测量工具测量桌子的长度，所得的值小，用长度较短的测量工具测量桌子的长度，则所得的值就大。这是一个较为抽象的函数关系，学前儿童要真正理解并不容易，必须在积累了较多的测量经验之后才可能在比较中获得相关的认识。对于教师来说，不用急于去为学前儿童概括、总结这一结论性的要点，如果没有基于学前儿童真实而有意义的测量活动的思考和顿悟，而只是语言性的归纳和概括，这对学前儿童而言是无意义的。

总而言之，帮助学前儿童理解测量的关键性技巧很重要。在此，教师必须通过学前儿童自主的测量活动以及在测量活动中产生的冲突来展开讨论，如为什么同样的桌子，有的小朋友测的是四根小棒长，有的测的是五根或六根长呢。这就涉及对第一条关键经验的理解：比较必须是"均等的"，即计量单位的大小必须相等，且必须是不间断的或没有重叠的。教师明白这一要点就能清晰地分析出学前儿童测量活动中的问题所在，并帮助学前儿童理解测量的关键性技巧，在冲突中促进他们重新建构。

教师需明确让学前儿童学习测量的基本前提和基础是了解、确定物体的属性特征，同时在观察学前儿童的测量行为时应鼓励学前儿童尝试使用不同的测量工具，引导学前儿童比较测量工具和计量单位的不同。

　　对于学前儿童来说，理解第三条关键经验可能是最困难的：计量单位的大小与测量出的单位数量之间是一种反向关系，也就是说，当计量单位越小时，测量的物体中包含的单位数量就越多。随着学前儿童年龄的增长、时间的推移、经验的积累，他们会逐渐加深对这一条经验的理解，教师无须强行给学前儿童总结这一规律，可以将其作为启发性的问题抛给学前儿童，等待他们自己有所感知和领悟的时候再帮助他们进行梳理和经验提升。

【练习与应用】

一、单项选择题

1. 关于小班儿童量的语言发展，以下表述正确的是（　　）。

A. 量的语言很丰富

B. 会用宽窄等词语描述量的特征

C. 基本上是用"大、小"来描述物体的量的差异的

D. 不会说"我的玩具最多"

2. 以下说法不正确的是（　　）。

A. 一个物体有许多属性可以被测量和比较

B. 不同的属性要用不同的测量工具来测量

C. 同一属性可以选择不同的测量工具来测量

D. 所有的属性都可以被测量

3. 关于测量工具，以下说法正确的是（　　）。

A. 学前儿童的测量工具是自然物

B. 尺子不能用来作为学前儿童的测量工具

C. 学前儿童会用长度单位，如厘米来表示物体的长度

D. 小班儿童不会说"我的玩具最多"

4. "感受量的相对性"，这是（　　）儿童的教育目标。

A. 小班　　　　　　B. 中班　　　　　　C. 大班　　　　　　D. 托班

5. 会用宽窄、粗细等词语描述物体的量的差异，至少是（　　）的儿童。

A. 小班　　　　　　B. 中班　　　　　　C. 大班　　　　　　D. 托班

二、材料分析题

　　思考：教师提供的这些材料能引发学前儿童对于量的哪些内容进行讨论，包含的关键经验有哪些？（图5-4）

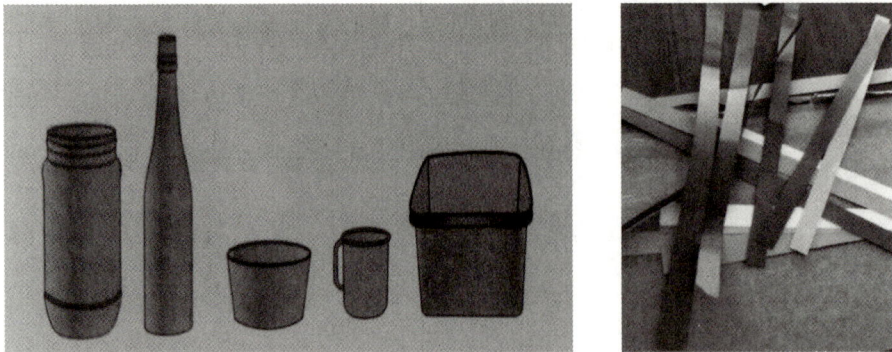

图 5-4　测量操作材料

任务3　学前儿童量的比较与测量学习指导

一、量的排序活动一般指导策略

(一)在具体操作中感知量的差异性

一方面，教师在教学中尽量给学前儿童提供丰富多样的操作材料，并让学前儿童有自由操作和自主探索的时间与空间，同时运用层次性提问的方式，引导他们进行量的比较。另一方面，教师在班级区域中投放材料，让材料在符合同年龄层次儿童水平的基础上，保证材料的丰富性和有效性。例如，针对小班、中班儿童投放的材料差异度要明显，而针对大班儿童投放的材料在差异度上可以稍微减弱。

(二)学习量的排序策略

量的排序策略有重叠对应排序、并置对应排序和独立自主排序等。重叠对应排序指利用排序范例作为对应排序的提示，请学前儿童把要排序的物体或图片与范例板上的图片一一重叠从而实现排序。并置对应排序是指利用排列范例板作为对应排序的提示，只要求学前儿童将要排序的物体或图片对应摆放在范例板的图片下方或旁边来进行排序。独立自主排序是指要求学前儿童对一组物品，自主地按照某种量上的差异进行排序。在教学活动中，教师可根据学前儿童的年龄层次和排序水平，引导学前儿童掌握不同的排序策略和技能。

(三)感知排序的传递性、可逆性和相对性

在排序活动中，按一定的差别顺序排列物品，可以把逻辑学中的传递性、可逆性、相对性演绎得十分具体。例如，在大班儿童的排序活动中，教师可呈现两个相反的序列，引导学前儿童观察、比较两个序列，在描述序列特征的过程中，感知序列的可逆性。在比较高矮的活动中，请三个高矮不同的小朋友由高到矮排列(分别为小明、小红和小磊)。教师通过提问"小明和小红比，谁高？小红和小磊比，谁高？三个小朋友谁最高？"来引导学前儿童感知排序的传递性和相对性。

二、量的排序集体教学活动指导策略

(一)教师提供材料，引导学前儿童感知

根据学前儿童的年龄特点，教师提供相应的材料引导学前儿童感知，为排序活动做好充分的准备。在感知过程中，教师要给予学前儿童充分的时间，通过提问引导他们比较和描述量的差异。例如，给小班儿童4只大小不同的玩具熊，问："这是什么？""谁最大？""谁最小？"

(二)教师引导学前儿童进行排序练习

排序前，无论是在大班，还是在小班，教师都要先进行排序示范，但示范中运用的排序方法可以不一样。例如，在小班可以运用重叠对应排序，在中班可以示范并置对应排序，在大班可以选择材料的某一种特征进行独立排序。教师示范时，要明确排序的规则、方向，以及排序的基线等。例如，按长短排序时，排序对象应该在同一个基线上；按高矮排序时，排序对象应该在同一个水平线上。

(三)学前儿童自由操作，教师观察记录

在排序过程中，教师要留给学前儿童自由操作和自由探索的时间与空间。对排序规则的理解和掌握，是学前儿童通过自己的实际操作和体验获得的。在此期间，教师巡回观察，注意学前儿童的个别差异性，对个别儿童给予相应的帮助和指导。

(四)讨论交流与小结

讨论和总结是排序活动必不可少的环节。在这个环节中，学前儿童通过讨论交流操作中出现的问题，总结、提升、拓展经验。教师根据操作中出现的问题，不仅可以了解此次教学活动目标的达成情况，还可以为下一个活动内容的展开提供相应的思路。

三、测量活动一般指导策略

(一)感知测量工具，激发测量意识

教师通过多种途径引导学前儿童感知测量工具，激发学前儿童的测量意识。不同年龄层次的儿童，对测量工具的感知能力不一样，也即测量意识的发展水平具有年龄差异。例如，小班、中班儿童不具备测量意识，也就无法进行真正的测量，他们把

测量工具当作游戏材料。教师要能敏锐地意识到自然产生的真实的测量情境，激发学前儿童出于真实的目的进行测量（如案例 5-3-1）。测量问题的情境越真实，学前儿童就越可能做深入探究。只要注意观察，教室里有很多材料可以开展有关测量概念和策略的数学活动。教师可能会注意到一叠书可以变化出不同的维度，而吸管的形状像圆柱积木，只是更长更细。教师还可以在教室里持续开展"这样看我更大，那样看你更大"的活动，鼓励孩子们寻找从不同角度看起来会更大的物品。在区域活动中，教师可利用学前儿童探索的真实问题，及时引导学前儿童有意识地进行测量活动。

案例 5-3-1

在中班积木区，明明和丁丁在搭建两艘轮船，作品完成后，两个小朋友都对自己的作品感到非常满意。

明明看看自己的轮船，又看看丁丁的轮船，歪着头说："我们两个的轮船不一样，我的比你的长。"

丁丁不服气，说："我的比你的长。"

林老师过来了，笑了笑，说："怎么才能知道谁的轮船长呢？"

丁丁试着把自己的轮船挪过来，可是试了几次都没有成功。

林老师说："我们可以不移动轮船，就知道哪一艘轮船长吗？"

林老师从美工区拿来了两根毛根，指导明明和丁丁一起测量两艘轮船的长度。

（二）理解测量要领，掌握测量方法

测量过程涉及测量方法和技巧等，量后还要加以验证。因此，教师在有关测量活动中，应当对关键性的技巧进行重点演示和讲解，以让学前儿童明白测量的步骤和技巧。为了帮助学前儿童学习测量，教师可以通过一些有不同要求的活动，由易到难，逐步引导学前儿童主动学习，促进学前儿童测量能力的发展。例如，测量物体的长度时，教师可以先让学前儿童将一种自然物摆放在被测量的物体上，然后让他们只用这个自然物，再借助用记号笔画线的方式来探索被测物体的长度。

案例 5-3-2

在大班沙桌游戏中，贝贝和妞妞都在垒城堡。李老师过来说："可以比比你们的城堡谁的高吗？"贝贝和妞妞很开心，可是两个小朋友还没有想好用什么方法来比。李老师提示，可以利用积木区的材料试一试。贝贝走到积木区，拿了一块积木过来，比了比，不知道怎么才能量出两座城堡的高度。妞妞也去积木区拿了一块积木过来，

李老师看到，两个小朋友拿的积木不一样长，就提示说要用一样长的积木，然后引导贝贝和妞妞在城堡的一侧垒砌积木，看看谁的积木多。

李老师问："如果只有一块积木，要量出两座城堡的高度，该怎么办呢？"

李老师和两个小朋友的活动吸引了很多孩子过来看。平时比较调皮的强强说："我知道，要拿笔做记号，才能量出来。"

李老师表扬了强强，然后示范了用一块积木和记号笔测量城堡高度的方法。很多小朋友看到后都跃跃欲试。李老师让贝贝和妞妞各自用第二种方法再次测量一下自己的城堡有多高。

（三）理解测量工具与测量结果之间的关系

教师可通过提问，引导学前儿童思考测量工具与测量结果之间的关系。例如，在测量过程中，教师可以提示学前儿童体会测量的动作与要求。测量完成后，教师可以问学前儿童："你刚才在量什么？是怎么量的？有多长？"了解学前儿童测量概念是如何发展的有效方式之一就是提出一系列重要的问题。通过问题，我们可以帮助学前儿童建立起有助于他们真正理解标准测量的知识和结构。

学前儿童掌握测量工具以后，教师可以给他们提供不同的工具，让他们来测量同一个物体（如案例 5-3-3）。

案例 5-3-3

林老师发现在美工活动中，彬彬画完了画，就拿起了手中的水彩笔测量桌子的长度。利用这个契机，林老师在数学活动中特别组织了"我们的桌子有多长"的活动。林老师先让小朋友们说说要怎样才能知道我们的桌子有多长。然后请彬彬小朋友来测量。彬彬说要拿水彩笔来量一量。林老师问："还有哪些东西可以帮我们测量呢？"小朋友们开始积极讨论，有的小朋友发现角色区的绳子也可以用来测量。林老师让小朋友用自己认为的可以利用的工具来进行测量。问题又来了，小朋友发现每个人测量出的结果都不一样。彬彬测量出的是 10 根水彩笔的长度，乐乐测量出的是 2 根绳子的长度。

林老师："为什么彬彬和乐乐的结果会不一样呢？"

林老师让彬彬和乐乐分别拿着自己的测量工具站在小朋友前面，让小朋友们观察两个人使用的测量工具，然后再说说原因。

萱萱："他们用的测量的东西不一样。"

林老师："他们用的测量的东西哪里不一样？"

东东："彬彬的比乐乐的短。"

林老师："你是说彬彬用的测量工具比乐乐用的测量工具短，是吗？"

林老师总结，如果使用的测量工具短，得到的结果就会大，如果使用的测量工具长，得到的结果就会小。

(四)支持学前儿童记录测量结果

教师要支持学前儿童对测量结果进行记录和评价。在测量过程中，大班儿童可以利用记录卡，记录测量的结果，并且将其作为评价的依据。通过观察和分析记录结果，学前儿童能找到一些简单的测量规律，从而产生新的探索兴趣点。在记录过程中，教师要给予学前儿童及时的支持和帮助。例如，受自身绘画水平的影响，学前儿童不知道怎样表现被测量的物体。这时，教师可以适时为他们提供一些被测量的物体的图片。这样，在记录过程中，学前儿童只需要把相应的图片插入适当的位置即可，省去了很多绘画的时间，也提升了他们的记录兴趣。

学前儿童在记录测量结果时，会碰到记录符号标注的问题。例如，"测量出桌子的长度有 3 根多一点绳子那么长"怎么记录？在记录卡中，学前儿童的记录符号呈现出了多样化的特点，有的直接记录为"3"，有的则记录为"4"，还有的直接把多出的一点画了上去。这时，教师可以引导学前儿童进行讨论，看哪一种记录方式更加接近测量的事实，就选择哪一种。

教师要引导学前儿童对记录卡上的结果进行讨论和评价。讨论和评价的过程既巩固了学前儿童对几个测量因素之间的关系的认识，也让他们了解到了记录的科学性及其记录结果对下一步探索的重要性，从而可以激发学前儿童记录的积极性。（图 5-5）

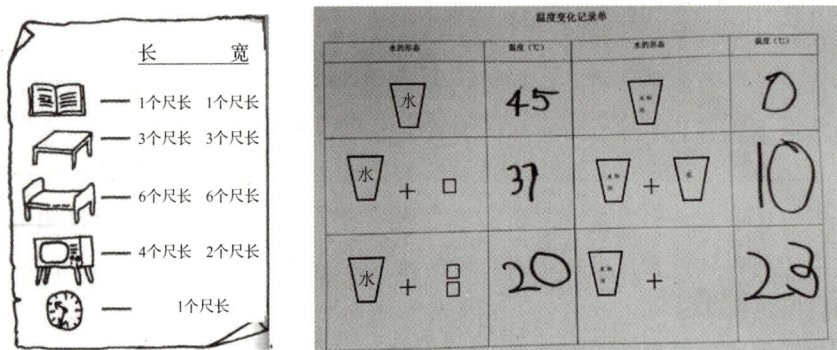

图 5-5　测量操作记录卡

四、测量集体教学活动指导策略

教师在开展自然测量的集体教学活动时，可以按如下步骤，有意识地引导学前儿童掌握测量方法。

(一)创设情境，引出主题

例如，教师可以提问："六一儿童节到了，我们想要买一些彩带来装饰我们的教室，可是，不知道要买多长，怎么办呢?"引导学前儿童讨论，然后引出自然测量工具。

(二)提供测量工具，引导学前儿童测量和记录

在这个过程中，教师可提供多种测量工具，并注意提醒学前儿童测量工具的使用方法，如首尾相接。同时，教师还要引导学前儿童用做记录卡和画统计图等方法进行记录。在指导时，要注意学前儿童的个别差异性。测量时，可以分组进行，也可以单独进行，教师要尊重学前儿童的意愿，建议测量初期，先让学前儿童合作测量，分工合作，分别承担测量和记录的任务。

(三)公开展示，讨论、交流

在交流过程中，教师应引导学前儿童先展示各自的测量工具，说说自己是怎么选择测量工具的，然后说清楚测量结果是怎样得来的。例如，教师可以引导学前儿童这样表述："我用绳子测量桌子的长度，我的桌子有3根绳子那么长""我伸开手臂测量桌子的长度，桌子有……"等。

(四)教师小结，激发、鼓励

教师在学前儿童测量活动讨论结束后，可以这样小结：今天和大家一起学习了测量的方法，用这些测量的方法，我们可以了解身边的物体到底有多长。在测量时，可以用到很多的测量工具。测量工具不一样，测量的结果就会不同。教师总结时还要肯定学前儿童在活动中的表现，激发他们对于测量的兴趣，鼓励学前儿童继续开展相关活动，学习测量。

任务4 学前儿童量的比较与测量活动设计案例

一、集体数学活动设计案例

案例 5-4-1

活动名称

大班数学活动：大头国王的王冠①

活动背景

测量是认识量的手段，学前儿童的测量最早是"目测"，即通过视觉感知比较量的差异。大班儿童的测量活动多是自然测量——利用自然物进行测量，通过故事引发孩子的好奇心与兴趣，让孩子们自主选择自然物去探索、去发现用不同的材料测量所得的数据也不同。

"大头国王的王冠"活动视频

---

① 由岳阳北大京学附属幼儿园皮姗老师供稿。

在动手操作中孩子们不仅获得了知识经验，而且还获得了学习知识的方法，提高了能力。

活动目标

1. 学习使用自然测量的方法测量物体的长短，并会用表格进行记录。

2. 初步感知同样的距离，使用的测量材料不同，数据也会不同。

3. 通过阅读绘本，了解测量在生活中的作用，体会绘本故事的乐趣。

活动准备

1. 物质准备：绘本《大头国王的王冠》的PPT、音乐、吸管、绳子、筷子、积木等材料，记录表。

2. 经验准备：有相关的记录经验，有认真倾听的学习习惯。

活动过程

一、谈话导入

和好朋友比，谁高谁矮？怎样才能知道？（教师介绍目测的方法）

二、绘本阅读

1. 大头国王想要做一顶合适的王冠，怎么办？——测头围，按照头围做王冠。

2. 找铁匠给国王做王冠，出现了什么样的问题呢？

3. 终于做了一顶刚刚好的王冠，国王高兴极了。

三、学前儿童自由选择工具进行测量

1. 国王要开始在王国里建一所幼儿园，需要桌子、椅子、钢琴、柜子，国王觉得我们教室里的用具的尺寸很适合，想请我们帮忙量一量、记一记，按照我们的尺寸建造属于他们的幼儿园。

2. 学前儿童自由组合，2人一组，初步尝试测量并记录。

3. 用相同的工具测相同的物品为什么结果不一样？

4. 师幼总结测量方法再次尝试测量，鼓励学前儿童用不同的工具进行测量并记录。

5. 数据对比：同样的物体与距离，使用的测量工具不同，数据也会不同。

四、活动结束

结束语：原来我们用不同的测量工具测量同一物体时，得到的数据是不一样的，用同一种测量工具测量不同的物体，数据也不一样。

活动延伸

比一比：国王有两位喜欢比较的王子和公主，我们和他们一起玩比较的游戏吧。

引发思考：如果没有了尺子来量尺寸，我们还能穿上刚好合身的衣服吗？生活中的物品还能这么"平衡和对称"吗？

活动反思

_____

_____

_____

_____

_____

扫码观看其他案例

案例 5-4-2　小班数学活动
"三只熊的早餐"

案例 5-4-3　大班数学活动
"桌子有多长"

案例 5-4-4　小班数学活动
"比一比"

二、区域数学活动设计案例

案例 5-4-5

活动名称

大班数学活动：填满空白①

活动准备

有空白部分的方格纸若干张，铅笔，与参照格子大小相同的格子若干。

活动过程

请在方格纸的空白处画上格子，预测需要用多少格子才能够填满空白部分。画完之后，可以实际摆放一下格子，数一数到底需要多少格子才能填满空白部分。

教师一开始提供的方格纸，可以让空白以外部分有格子，这样便于学前儿童进行操作。随着活动的进行，空白部分可以逐渐增大，从而增加难度，此外，还可以

---

① 黄瑾、田方：《学前儿童数学学习与发展核心经验》，297 页，南京，南京师范大学出版社，2015。

在方格纸空白以外的部分只画一个格子,其他部分画上阴影以示区别,进一步增大难度。(图 5-6)

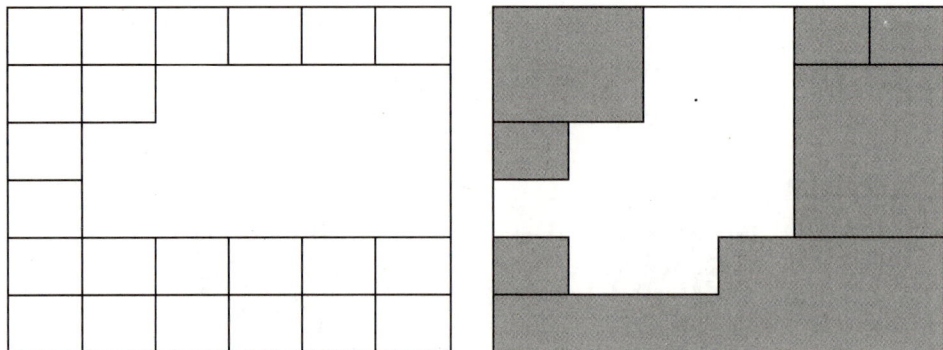

图 5-6　操作方格

拓展阅读

1.[韩]曹恩贞. 都陵村 168 号[M]. 夏艳,译. 长春:长春出版社,2009.

2.[韩]金岁实. 面包公主三姐妹[M]. 李春晖,译. 长春:长春出版社,2009.

3.[韩]金成恩. 最棒的蔬菜[M]. 林春颖,译. 长春:长春出版社,2009.

4.[韩]金成恩. 我家漂亮的尺子[M]. 夏艳,译. 长春:长春出版社,2009.

实践训练

1. 选择小班、中班、大班儿童各一名,在日常生活和游戏中观察他们的表现并记录下来,评价他们对常见量的认识水平,为每位儿童撰写发展评价报告。

2. 任意选择一个案例,开展模拟实践。

3. 任意选择一个案例,下园实践。

学习评价与反思

项目六　学前儿童数学发展评估

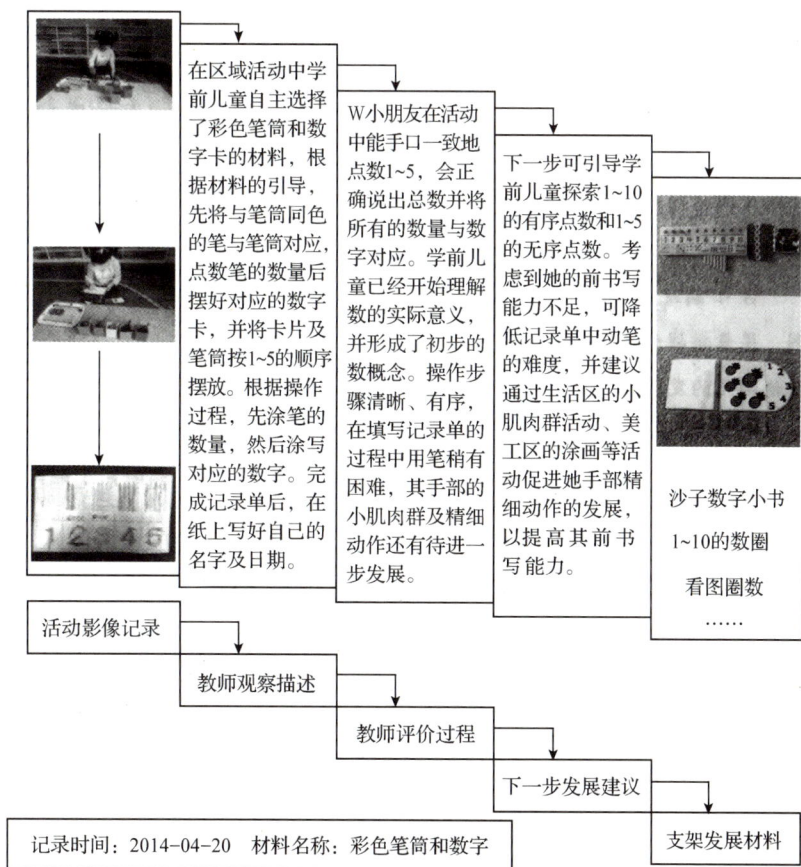

在区域活动中学前儿童自主选择了彩色笔筒和数字卡的材料，根据材料的引导，先将与笔筒同色的笔与笔筒对应，点数笔的数量后摆好对应的数字卡，并将卡片及笔筒按1~5的顺序摆放。根据操作过程，先涂笔的数量，然后涂写对应的数字。完成记录单后，在纸上写好自己的名字及日期。

W小朋友在活动中能手口一致地点数1~5，会正确说出总数并将所有的数量与数字对应。学前儿童已经开始理解数的实际意义，并形成了初步的数概念。操作步骤清晰、有序，在填写记录单的过程中用笔稍有困难，其手部的小肌肉群及精细动作还有待进一步发展。

下一步可引导学前儿童探索1~10的有序点数和1~5的无序点数。考虑到她的前书写能力不足，可降低记录单中动笔的难度，并建议通过生活区的小肌肉群活动、美工区的涂画等活动促进她手部精细动作的发展，以提高其前书写能力。

沙子数字小书
1~10的数圈
看图圈数
……

活动影像记录

教师观察描述

教师评价过程

下一步发展建议

支架发展材料

记录时间：2014-04-20　材料名称：彩色笔筒和数字

图6-1　学前儿童数学活动评估过程图①

思考：这张图告诉了我们哪些信息？

---

① 王微丽、霍力岩：《幼儿园数学区材料设计与评价》，200页，北京，中国轻工业出版社，2018。

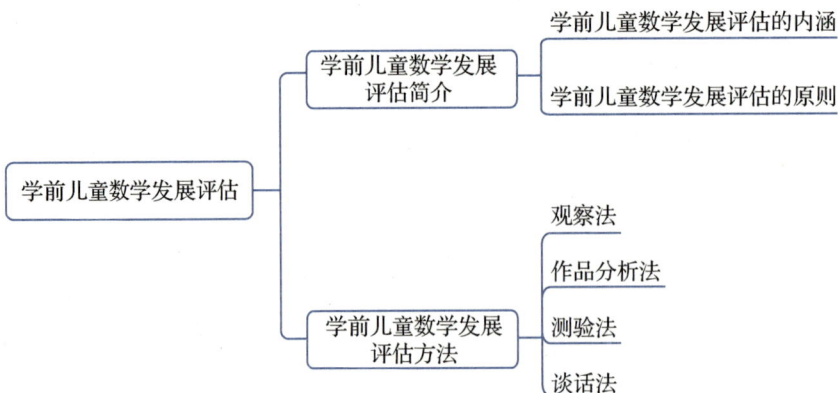

思维导图

学前儿童数学发展评估 ——
- 学前儿童数学发展评估简介
  - 学前儿童数学发展评估的内涵
  - 学前儿童数学发展评估的原则
- 学前儿童数学发展评估方法
  - 观察法
  - 作品分析法
  - 测验法
  - 谈话法

学习目标

1. 掌握学前儿童数学发展评估的原则与方法。
2. 初步尝试运用各种方法对学前儿童数学发展进行评估。
3. 体会各种原则运用时的科学性与严谨性。

典型案例 ▶

表1　学前儿童概念发展的评价表

姓名：	年（班）级：		小组：
概念活动（本文描述的概念）：		观察日期：	
自发地计数			
按照一定逻辑对游戏材料进行分组			
选择科学图书			
选择数学图书			
表现出理解序列			
指出环境中的数学符号			
表现出有好奇心，如提出数学问题，进行数学探究			
使用数学符号交流			
表现出具有一定的直觉思维			
敏捷地进行计算			

1. 任务一

摆一排和这个（老师所摆的）一样的。

儿童 ○ ○ ○ ○ ○ ○ ○ ○ ○

老师 ○ ○ ○ ○ ○ ○ ○ ○ ○

谈话："哪一排的积木多？你是怎么知道的？"（如果儿童认为两排一样多，继续下面的任务）

2. 任务二

现在你看我怎么做。（老师把积木收拢一些）

儿童 ○ ○　○ ○ ○ ○　○ ○ ○

老师 ○○○ ○ ○○ ○○ ○

谈话："现在哪排积木多？"如果儿童说其中一排多，就把它们变成原来的样子；如果儿童说它们的数量一样多，就让他"把它们摆成老师挪动之前的样子"，按照上述步骤继续进行任务三和任务四。

……

图6-2　学前儿童数学发展评估记录

　　想一想：这两则材料都指向学前儿童数学发展评估，评估内容有哪些？用了什么方法？贯彻了哪些原则？

知识储备

任务1　学前儿童数学发展评估简介

一、学前儿童数学发展评估的内涵

"评估"是指依照某种目标或标准，使用一定的方法收集评估对象的相关信息，按照特定程序或步骤对信息进行对比、分析、研究，从而判断评价对象的现实状态及发展可能性的过程。国内外相关研究成果显示，学前儿童数学发展评估内容应包括数学学习品质与态度、数学知识内容、数学过程性能力三方面，从未来发展的角度来看，建议教师应更加重视对数学学习品质与态度和数学过程性能力的评估。美国的《K-12数学学习标准和原则》提出了五种过程性能力：解决问题、推理和验证、数学表征、数学交流、数学关联。我国学者建议将"问题解决能力、推理能力、数学交流与表达能力"三种过程性能力归为我国学前儿童数学监测评估的重要指标。影响学前儿童数学学习的学习品质包括兴趣、主动性、计划性、专注力、坚持性、抗挫力、独立性、反思等。

"学前儿童数学
发展评估维度"微课

案例 6-1-1

小动物请客——对学习结果的评估①

案例再现：蔡梦欣小朋友正在玩"小动物请客"数学游戏。第一次，只见她先拿了一个有7个点子的卡片，把它夹在了盘子上，接着她边看点子边数出了7个蘑菇放在了盘子里，最后，把盘子送到了数字4的下面。第二次，她还是选择了7个点子的卡片，在盘子里放了7只虾，仍把盘子放到了数字4下面。（图6-3）

学前儿童发展评估：案例中的蔡梦欣小朋友显然能熟练地按点子取物，但她对数字的实际意义理解得不充分，两次操作都选择了相同的点子操作卡，不会用总数来表示物体的具体数量，所以她两次将总数为7的食物盘子放在了数字4下面。根据小班儿童数概念的评价学习标准，她在按数取物能力上达到了D水平（根据语音和视觉线索，即根据实物图片、点子数和阿拉伯数字完成了7个物体的按数取物），

---

① 赵连光：《小班幼儿数学学习的真实性评价——评价的框架与实务》，硕士学位论文，华东师范大学，2015。

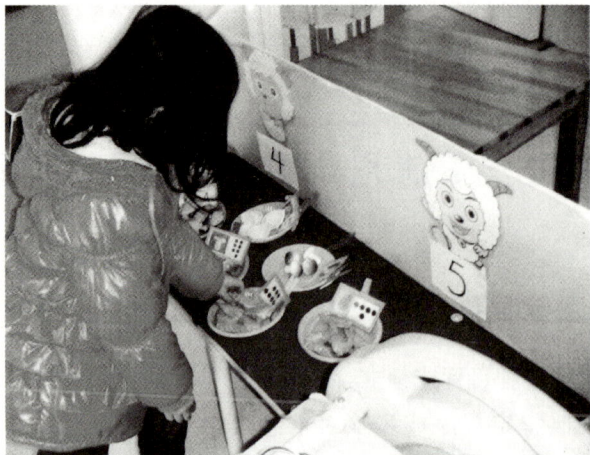

图 6-3　小动物请客

在数物体方面达到了 C 水平(准确地数 5～7 个物体),但是她不会用最后一个数表示总数。

案例 6-1-1 是对学前儿童数学学习结果的一则记录与评估,下面的案例 6-1-2 ("国王的城堡"——学习品质的观察与评估)呈现了教师对学前儿童活动中学习品质的观察与评估过程。

案例 6-1-2

"国王的城堡"——学习品质的观察与评估①

案例再现:自由活动的时候,胡佳怡和石金子杨来到了建构区,胡佳怡发现了墙面上的照片,她看看照片,对石金子杨说:"这个房子很好看,我们来搭这个房子好吗?"石金子杨点点头说:"好的。"胡佳怡看看照片,拿起一块长方形的积木,对照照片比较了起来,自言自语地说:"是这块。"随后对石金子杨说:"你拿一块蓝色的积木。"石金子杨马上就拿了一块蓝色的三角形积木,胡佳怡一看说:"不对,是长方形的。"石金子杨又换了一块长方形的积木。胡佳怡一边看墙面上的照片,一边叫石金子杨拿积木,并对照着墙面上的照片利用积木搭了起来,两个人很快就搭好了房子,他们开心地叫教师来看。

教师介入:"呀!这间房子真好看,是谁住的呀?"

———————
① 赵连光:《小班幼儿数学学习的真实性评价——评价的框架与实务》,硕士学位论文,华东师范大学,2015。

胡佳怡:"这是城堡,是国王住的房子。"

教师介入:"啊!那城堡里还有谁呀?"

胡佳怡:"还有王后、公主。"

石金子杨:"还有王子呢!"

教师介入:"那公主、王子住的房子呢?"

他们两个一起说:"我们再搭一间公主的房子和一间王子的房子。"

他们照着大房子的样子在对面搭了一间房子,又在房子的两边搭了两间小房子,他们说对面的房子是给王后住的,两间小房子是给公主和王子住的。

教师介入:"小设计师,你们设计的城堡太美了,国王一家非常满意,赶快拍张照片吧,让其他小朋友看看好吗?"

他俩满足地点着头,开心地把自己的作品介绍给其他的伙伴。

学习品质与结果评估:胡佳怡在关注到墙面上的照片后,意识到合作比单独建构更好,能与同伴商量一起来建构,说明她有了一定的问题解决能力和合作意识。她在构建的过程中,能用对照的方法去尝试构建,说明她的模仿能力是比较强的。在与石金子杨的互动中,可以看出她的学习品质是比较突出的:一是对图形的认知能力比较强,她发现同伴拿错了,会及时让同伴纠正;二是她的合作能力比较强,在整个构建过程中,她起到了一个主导者的作用。她会指挥同伴来协助她一起完成。当教师对他们提出新的要求时,她马上用迁移的方法来建构,她的创造能力也是很突出的。

石金子杨对图形的感知能力比较弱,在整个建构过程中,他一直在扮演比较被动的角色,可以看出他的建构能力也比较弱,但是他也有了一些合作的意识,能根据同伴的要求来合作,共同完成任务。(图6-4)

图 6-4　国王的城堡

二、学前儿童数学发展评估的原则

学前儿童数学发展评估原则是在对学前儿童的数学发展情况进行评估时必须遵循的基本要求。这些要求是依据幼儿园教育目标、学前儿童数学发展的任务以及学前儿童身心发展的特点，在总结幼儿园数学教育实践经验的基础上提出来的。

(一)发展性原则

发展性原则是指在学前儿童数学发展评估时应注重通过评估促进学前儿童的发展。学前儿童具有巨大的发展潜能，并处于不断发展的过程中，因此应以发展的眼光来看待他们。对学前儿童数学发展情况进行评估，不是为了给他们的数学学习情况划分等级、标明优劣，而是要注重评估在数学教育过程中的价值，评估的过程就是促进他们发展的过程。

首先，学前儿童数学发展评估要立足于他们发展的现状。需要运用一定的方法考查他们数学发展各方面的状况，判断他们数学发展的水平，了解他们在过去某个阶段所取得的成就。

其次，对学前儿童数学发展情况进行评估，还需要关注他们数学发展的可能性。学前儿童数学发展情况是其后续学习的基础，能够反映出他们的数学能力水平。在终身教育的背景下，学前儿童数学发展评估应该主动把学前儿童数学发展纳入终身教育的过程中，评估他们数学发展的可能性，如数学学习能力和数学思维的发展情况，为他们以后的数学学习提供支持。

(二)全面性原则

全面性原则是指在进行学前儿童数学发展评估时应对学前儿童数学发展的情况做全面的考查，不能只关注他们数学发展的某些方面而忽视其他方面。最常见的就是注重考查他们数学知识与技能的掌握情况，而忽视了对数学兴趣和数学能力发展情况的评估。遵循全面性原则，应注意全面收集有关学前儿童数学发展情况的资料。既要关注学前儿童数学学习的各方面内容，也要评估他们数学学习的兴趣，评估他们数学学习的持续动力。这样才能为学前儿童数学学习提供最全面的说明。例如，在案例 6-1-2 中，教师不仅关注了学前儿童的数学学习结果，还关注了数学学习过程中他们所表现出来的学习品质，是展现学前儿童数学发展评估全面性原则的典型案例。

(三)差异性原则

每位学前儿童都是独特的个体，他们的成长环境与发展水平不尽相同，他们在需要、兴趣、性格、能力、学习方式与特点等方面都存在很大的差异，因此在对他们的数学发展情况进行评估时要考虑每位学前儿童的特点，尊重他们的独特性，使评估做到因人而异。学前儿童数学发展评估的指标和发展程度只是学前儿童数学发展的大致水平和一般趋势。

(四)适宜性原则

适宜性原则是指评估学前儿童数学发展情况的方法和指标要能够适应学前儿童数学学习的特点，能适应不同年龄阶段学前儿童数学发展的程度和水平。

受学前儿童生理和心理发展年龄特征的限制，不同年龄阶段儿童的数学发展程度不同，如学前儿童空间知觉的发展趋势表现为：3 岁可以辨别上下方位，4 岁开始辨别前后方位，5 岁能以自身为中心辨别左右方位，6 岁能正确地辨别上下、前后、左右方位，但很难以左右方位的相对性来辨别左右。因此在对他们的数学发展情况进行评估时，首先应制定出合适的评估指标体系。

(五)科学性与客观性原则

科学性与客观性原则是指在对学前儿童数学发展情况进行评估时，无论是收集评估资料，还是对资料进行分析整理，都要保证其准确、可靠。首先，在收集资料时，要依据科学的程序，有目的、有计划地进行第一手资料的收集，不能凭主观猜测对资料做取舍，要保证资料收集的真实、客观；其次，在对资料进行统计分析时，要选用合适的方法，对资料进行科学的统计分析；最后，在做出判断时要摒除个人的主观偏见，不能对资料进行主观臆断，而要依据对资料的分析结果做出判断。

(六)尊重学前儿童的主体性

学前儿童是自身学习的主体。学前儿童有着独立的社会地位，是自身权利的主体，并享有法律所规定的生存权、发展权、受教育权、受保护权、受抚养权等。因此，在评估学前儿童的数学发展情况时，应尊重他们的主体地位，在有条件的情况下可以把他们自身的评价作为评估的一部分内容。

上述原则彼此之间是密切联系、相互渗透、不可分割的，它们共同影响着学前儿童数学发展评估，因此，应当在深刻理解每条原则的基础上进行综合运用。

任务 2　学前儿童数学发展评估方法

最早提出对课程与教育进行评估，并展开实验研究的是美国的全美数学教师委员会，影响比较大的是其制定的《共同国家核心标准》；此外，美国的研究机构——国家早期教育研究学会也提出了评估早期教育情况的方法有标准化测验、非正式评估方法、观察、档案袋、教师评定、家长评定。已有研究为学前儿童数学发展评估提供了范例和参考。对学前儿童数学发展进行评估，大体上分为收集资料与分析资料两个环节，收集资料的方法多种多样，就学前儿童数学发展情况而言，较常用和有效的方法就是在幼儿园区域活动、一日生活、游戏活动以及教学活动中收集有关他们数学发展的真实表现的资料。据此，重点介绍以下几种收集资料的方法。

一、观察法

观察法是指通过感觉器官或借助一定的辅助工具，在自然状态下，有计划、有目的地获取观察对象的资料与信息的方法。例如，教师要研究学前儿童的分类行为，就可以对学前儿童分类行为出现的时间、地点，分类的材料，分类的标准，分类数量等进行观察、记录，分析学前儿童分类行为出现的原因，从而得到学前儿童分类行为是否存在年龄差异、性别差异和个别差异等结论。观察法是实证研究最基本的方法，特别适用于收集有关学前儿童数学学习与发展情况的资料，也是在托幼机构中较常用、较实用的研究方法。

"学前儿童数学发展评估方法之观察法运用"微课

在使用观察法时，一般需要预先根据观察目的明确要观察哪些行为，并制定相应的表格，以便于在观察过程中能够快速记录相关内容。（表 6-1）

表 6-1　学前儿童分类能力观察记录表①

儿童姓名_____　　　　　　　年龄_____

观察日期_____　　　　　　　记录者_____

项目	分类水平	有	无	具体表现
分类标准	依据物体外部感官特征分类			
	依据两种属性将物体分类			
	依据类的概念将物体分类			
	依据数量将物体分类			
标准的提出者	教师提出分类标准			
	儿童自己提出分类标准			
观察场景描述（儿童总人数、教师人数、教学场地等）				

根据观察过程的结构、性质和控制程度，可将观察法分为正式观察法和非正式观察法两大类。正式观察法包括轶事记录法、实况详录法、行为核查法、情境观察法等。正式观察法需要预先做出周密的计划和准备，有严格的使用要求，需要先对

---

① 周端云、段志勇：《幼儿数学教育与活动指导》，46 页，武汉，武汉大学出版社，2015。

观察者进行培训等，一般用于科学研究中。非正式观察法相对灵活方便，观察较少受到限制，所获得的资料生动形象，特别适用于教师在日常活动中收集学前儿童身心发展的相关资料。学前教育领域常用的具体观察法有以下几种。

(一)连续观察法

连续观察法也称日记描述法、儿童传记法，是指对观察对象进行长期的跟踪观察，以日记的方式记录观察对象行为表现的方法。这种观察记录可以全面记录学前儿童的一切言行、情绪，活动特点和背景，成人的态度及学前儿童的反应等，也可以只侧重于记录学前儿童某方面的行为表现。连续观察法是对学前儿童进行研究的传统方法，是在日常生活中边观察边记录的方法，能了解学前儿童身心发展的连续性变化，能提供长期的、详细的第一手资料。例如，我国著名的儿童教育家陈鹤琴，将其长子作为实验与研究儿童心理的对象，对其身心发展情况进行了连续808天的跟踪观察，用文字和摄影进行记录，并做了系统分析，最终形成了自己的儿童观。

(二)轶事记录法

轶事记录法是指将学前儿童在各种自然生活状态下自然表露的行为特点直接而具体地记录下来，作为对学前儿童进行评价的资料。这种方法运用起来简单、方便、灵活，是观察、研究学前儿童常用的一种方法。记录的内容可以是某种典型的行为表现，也可以是异常的行为表现；既记录好的行为，也记录不好的行为；可以是表现学前儿童个性的行为事件，也可以是反映学前儿童某一方面行为的事件。但由于轶事记录法一般记录的是观察者认为的有意义的事件，因此所记录的事件难免带有主观倾向性，所以在记录过程中记录者要尽量做到如实、客观，最大限度地淡化个人的感情色彩，同时，我们也要清楚记录者的意见或解释不能与事实混在一起。

学前儿童轶事观察记录[①]

观察班级：小班

观察地点：班级建构区

观察人数：1人

观察实录：

区域活动一开展，轩轩就跑着去拿进区卡，并插放在了建构区中。

轩轩熟练地拿起几块积木放在区角的一边，然后又去拿，这样来来回回不停地搬积木，一筐积木都快要被拿光了，但他还没有建构出作品。我问："你搬那么多积木要做什么呢？你是不是想要和其他小朋友一起搭东西？你想搭什么？"他说："我就想自己一个人搭房子。"

[①] 何淑燕：《轶事记录法在小班建构区活动中的应用》，载《教学研究与管理》，2016(9)。

过了一会儿，他看到旁边的小林和小罗合作拼了一个游乐场，便马上跑过去问："你们这是什么？"小林说："我们搭的是游乐场啊，等一下我们把大老虎，还有很多小动物都放进去。"小罗说："你要一起玩吗？"轩轩看了看，摇摇头走开了。他来到自己搬出来的积木旁边站着，然后拿起积木一块一块地垒高，接着又把积木全部推倒，又重新一块一块地垒高，然后又推倒，这样反复了好几次。这时，小罗走到轩轩身后，想拿一些小动物，轩轩不给，小罗对我说："江老师，轩轩不给我们那些动物，他自己又不玩，也不给我们。"轩轩看了看我，我说："给他们一些吧，你也可以一起玩的。"然后轩轩来到小林他们旁边，突然蹲下，推倒了小林和小罗建好的游乐场，小罗马上哭了，小林手里拿着积木，作势要打轩轩，我立刻制止了小林的行为，同时用语言教育轩轩，但话还没说完，轩轩就大哭了起来。轩轩哭完后，我把他叫到身旁，他一到我身旁就看着我说："江老师，我刚才不应该把同伴搭的东西推倒。"我反问："那应该怎么做呢？"接着，轩轩主动去给小林和小罗道歉，并且和他们一起搭了动物园。

观察评价：

轩轩的建构能力处于偏下水平，而且思想只是停留在一个初步的建构想法上，其建构能力不足以支撑他建构心中的作品。

轩轩虽然建构能力不足，但他的建构热情、创作欲望是很大的，在建构活动中状态较为积极。

轩轩的情绪较为敏感，自我控制能力也比较差，物品占有欲较强，分享意识、合作意识较弱。

(三)实况详录法

实况详录法是由连续观察法和轶事记录法发展而来的，即在一段时间内(如 2 小时或 1 天内)持续地、尽可能详细地记录被观察者所有的行为动作表现，既包括被观察者自身的全部言行，也包括被观察者与环境及他人的相互作用与交往情况。然后对所收集的资料进行分类整理，并采用恰当的方法分析材料，从而呈现被观察者的情况。

在使用实况详录法时，有几点需要注意：观察者的目的在于客观而详细地记录目标儿童所有的行为动作表现，因此描述时应不加任何主观推断、解释与评价；实况详录法对记录的要求较高，如果单纯使用手工记录较为困难，不容易记录完整，因此应注意借助现代电子设备辅助记录；记录时，观察者精神高度集中，容易疲劳，如记录时间较长，应该由几个观察者轮流观察记录。下面是某幼儿园使用实况详录法观察学前儿童操作行为的一则案例。(表 6-2)

表 6-2　实况详录法范例

观察目的	观察儿童是否掌握了点数的方法			
观察方法	实况详录法			
观察对象	李菁	性别	女	年龄	5 岁
观察日期	2018.5.1	开始时间	15：10	结束时间	15：25

观察记录学习了什么，发展了什么	幼儿行为	教师分析
	她在选择操作材料时说："这个我还没玩过呢。"于是，便拿起来选择了一个安静的地方开始操作。她拿出一张红色的操作卡，又拿出一张扑克牌，并将扑克牌直接放入操作卡中。突然，发现上面有数字，又将扑克牌拿出来数点数，发现自己错了。 　　她继续操作，发现扑克牌有黑色的和红色的。于是，她把黑色的和红色的都进行了分类。根据操作卡上的数字，数自己手中扑克牌的点数。 　　很快她便完成了第一张操作卡，这个时候只剩下黑色的操作卡和扑克牌了。她说："这个太简单了，我很快就操作完了。"邱老师在旁边观察说："请你检查之后，再进行下一个操作。"她笑着说："好的，邱老师。"又说道："这里错了一个。"她修改后递给邱老师检查。 　　采用同样的方法，她继续进行下一个操作。仍旧很快便完成了，自己检查之后拿给邱老师检查，听到邱老师说："嗯，对了。"她高兴地跑到赵优优那里，分享自己的快乐。	自主选择操作材料，让孩子做活动的主人。（尊重学前儿童个体，促进学前儿童的身心发展。）操作材料时，从无意意识到有意意识，体现出她是一个会思考的孩子，达到中班儿童水平。自己发现操作的方法。（科学：思维能力强。）会点数对应。（数学：掌握了基本的点数方法。） 　　发现问题能快速想到解决的方法。（科学：思考能力强，思维活跃。）掌握了分类法和排除法，是一个思维能力强的孩子。（数学：发展了数学能力，巩固了分类法和排除法。） 　　沟通能力强。（语言：语言表达清晰、流畅。）发现错误便进行改正，并继续操作。（社会：不怕困难，坚持完成操作。） 　　能根据第一次操作的方法进行总结并检查自己是否有误。这说明她是个学习能力强的小女孩。体验到成功的喜悦之后，把自己的快乐分享给其他人。（社会：情感丰富，能享受成功的喜悦。）

反思与促进	分析	1. 能自主操作并掌握操作方法。 2. 表达能力强，能与同伴友好相处，会主动与同伴交流、沟通。 3. 数学内容掌握较好，掌握了分类法和排除法。
	建议	1. 增加操作难度。 2. 尝试增加 10～20 的点数。

扑克牌点数

运用观察法研究学前儿童数学发展情况时,不仅要关注学前儿童数学发展的结果,更要关注学前儿童数学学习的过程,这样才能更透彻地认识学前儿童数学发展情况。案例 6-2-1 充分说明了这一点。

📝 **案例 6-2-1**

教师在桌子上的一边摆了 4 块积木,另一边摆了 5 块积木,问儿童:"一共有几块积木?"我们观察到尽管大多数儿童能够回答这个问题,但是不同儿童在回答的过程中表现是不同的。

甲先是看了一下桌子上的积木,然后走到桌子的一边把 4 块积木一块块地搬到了桌子的另一边,一个一个地点数后,回答:"9 块。"

乙先是看了一下桌子一边的积木,说出"4",暂停一下,接着走到桌子另一边,接着数:"5,6,7,8,9。"然后望向老师,说:"9 块积木。"

丙看完桌上的积木后,左手伸出 4 根手指,右手伸出 5 根手指,暂停一下,说:"9 块。"

丁先看了一眼桌子上的 4 块积木,然后看了一下 5 块积木,暂停一下后,说:"9 块。"

这四位儿童在回答问题过程中的反应,实际上反映了他们数学能力发展的不同水平。甲在感知数量的时候需要依靠身体的动作,需要一一点数才能得出总数,数学能力发展水平相对较低;乙能正确地感知 5 以内的数,能够用接着数的方法点数10 个以内的物体,数学发展水平高于甲;丙能够正确感知和理解 5 以内的数字,能够借助具体形象的物体正确进行加法运算,数学能力发展较高;丁是这四位儿童中数学能力发展水平最高的,他可以脱离具体的事物进行抽象逻辑思维运算,数学思维发展较好。通过观察学前儿童的操作过程,我们能够更直观地看到学前儿童在数学发展方面的个别差异,这也让我们认识到因材施教的重要性。

二、作品分析法

作品分析法是指一段时间内在不同情境中持续地收集能反映学前儿童数学学习情况的作品,并对作品进行分析以评估学前儿童的数学学习与发展情况的方法。在幼儿园教育研究中我们时常受时间、空间、环境条件、人力资源等因素的限制,或由于研究主题和研究对象的特殊性,无法进行现场考察,这时就可以通过分析作品,了解作品所使用的方法及所达到的水平,从而判断学前儿童某方面的发展情况。

学前儿童的作业,早期的涂鸦,绘画、泥塑、搭建的造型,以及他们在玩沙、玩水等活动中所呈现出的作品等,都是很好的作品分析材料。作品分析法是一种有效地收集资料的方法,可以结合观察法、谈话法等其他研究方法来一起使用,也可以独立使用。

下面是一则使用作品分析法的案例。

案例 6-2-2

"6 的组成"一组作业①

1. 看图填分合式。要求学前儿童分类计数每幅图上的物体（每幅图中每行两类物体的总数均为 6），并记录在右边的分合式里。（如图 6-5，每幅图的结果都不一样，恰好是 6 的 5 种组成）

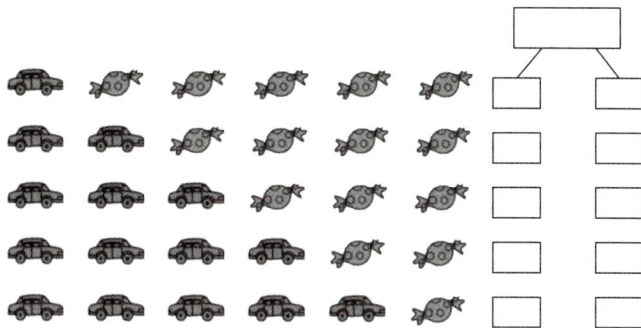

图 6-5　数的分解操作材料 1

2. 给圆圈涂色并记录。每排有 6 个圆圈，一共有 5 排，要求学前儿童给各排中的若干圆圈涂上颜色，每排涂色的圆圈数量都要不一样，在右边记下每排涂色的和未涂色的圆圈数量。（如图 6-6，一共有 5 种不同答案）

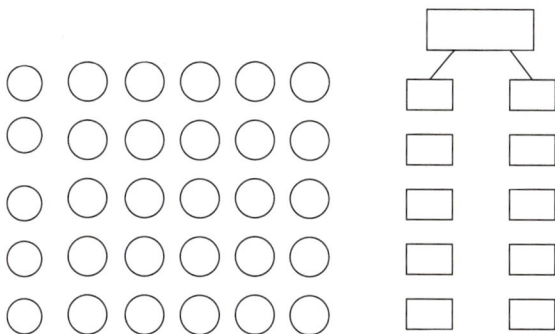

图 6-6　数的分解操作材料 2

3. 翻卡片记录。提供给学前儿童 6 张正反颜色不同的相同卡片，要求他们将其中的若干张卡片翻过来，分别记录朝上的两种颜色的卡片的数量。（一共有 5 种不同答案）

4. 点子房子图。要求学前儿童将 6 个圆圈分别画在一排的左右两格里，一共要画 5 排，每排不一样。（图 6-7）

① 张俊：《给幼儿园教师的 101 条建议·数学教育》，245～246 页，南京，南京师范大学出版社，2007。

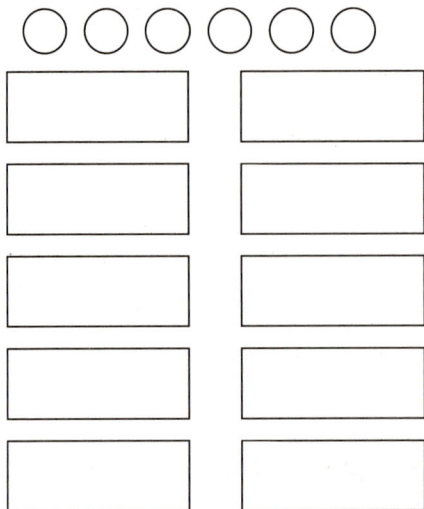

图 6-7　数的分解操作材料 3

【作业结果及分析】教师在学前儿童完成作业后，对作业情况进行统计，发现作业形式、作业难易程度会影响学前儿童的作业结果。（表 6-3）

表 6-3　作业结果统计

作业题号	有序	互换	无序	不全	错误
1	25	0	0	0	2
2	13	2	3	1	0
3	11	2	6	2	1
4	5	3	3	2	4

注："有序"是指数的分合式按数的顺序排列，如 1 和 5，2 和 4……"互换"是指数的分合式按互换的顺序排列，如"1 和 5""5 和 1"。"无序"是指数的分合式没有按照以上两种方式排列。

三、测验法

测验法是用标准化的测验工具考查学前儿童的某些行为表现，之后将所测得的数据与该心理测验所提供的平均水平进行比较的方法，我们可以从比较结果中看出被试的发展水平及被试间的个体差异。在评估学前儿童数学能力发展水平和数概念的发展情况时，人们经常采用测验法。测验由统一的题目和测试程序构成，标准化程度较高，效果可靠。测验法也提供了常模①参照，便于人们对照分析，人们可以对大量的研究对象进行标准化测验，在较短时间内获得大量的信息，且结果也便于进行量化统计分析。

----

① 在教育学和心理学的研究中，测验常模是指一定人群在测验所测特性上的普遍水平或水平分布状况，是一种可供比较的标准量数，依标准化样本测试结果计算而来，即某一标准化样本的平均数和标准差。

但是测验法只能进行间接测量，结果的准确性可能受一些因素影响。受经验和文化影响，测验可能无法测出人们想测的内容。测验要求施测人员具有相应的专业知识和技能，且测验的成绩只能反映出某种结果，无法反映出具体过程。

目前，国内外已经有一些进行学前儿童教育评价的工具可供人们选用，如测量学前儿童智力发展的"比奈—西蒙智力量表""韦克斯勒儿童智力量表"等，但关于学前儿童数学发展评估的测量还较少，有研究者采用国际通用标准化工具基本认知概念修订量表（Bracken Basic Concept Scale-Revised，BBCS-R）来测评儿童认知能力发展状况，该量表中包含的项目涉及数字/计数、量/大小、比较、形状概念等，可以反映儿童数学能力在某些方面上的发展情况。[①] 也有一些研究者开始尝试根据《指南》中科学领域有关学前儿童数学发展的内容来设置评价表。

采用测验法评估学前儿童数学发展情况，可以选用已有的量表，也可以自己编制量表。在选用已有量表时，要对量表进行鉴别分析，看是否可行，是否适合评价对象的实际情况；还要认真学习量表，领会测验的主要精神、掌握具体的实施办法；必要时可修改评估方案，使之符合自身的研究。例如，张慧和、张俊主编的《幼儿园数学教育活动指导》中的"幼小衔接研究工具（二）"（表6-4），其中个别内容就需要根据学前儿童数学学习的实际发展变化情况进行修改[此表需配合"幼小衔接研究工具（一）学习适应部分的数学测试题"使用]；由于书写部分一般认为属于小学学习内容，因此"认写阿拉伯数字"模块中涉及的"书写数字"的部分可以删去；由于儿童在生活中对货币的认识极少涉及"分"，因此"应用题"中的"9分钱"可以用儿童更熟悉的内容来替换，如替换为"9元钱"等。

表 6-4　幼小衔接研究工具（二）[②]

学习适应部分

数学测试题个案记录表

儿童编号_____　　姓名_____　　测试所用语言：普通话_____　　方言_____
主试姓名_____　　记录者_____　　测试日期_____

类别	题号	项目	内容				反应	评分	备注
分类	1	分组	按颜色	●▲●▲		△○△			
			按形状	●●○		△▲▲▲			
			按颜色、形状	●●	○○	▲▲	△△			
			按形状、大小	○●	○●	△▲	▲△			
	2	包含	圆形多						
			为什么						
			评分合计						☆

<hr>

① 陈思曼、王春燕：《幼儿数学能力发展现状与影响因素研究》，载《陕西学前师范学院学报》，2019，35(1)。

② 张慧和、张俊：《幼儿园数学教育活动指导》，305～307 页，北京，人民教育出版社，2009。

类别	题号	项目	内容	反应	评分	备注
排序	3	选图				
	4	传递	C_3 比 C_1 长			
			为什么			
			评分合计			☆
基数与序数	5	数圈花	共有 10 朵花			
			圈出 6 朵花			
	6	指花	右边第 4 朵花			
			左边第 9 朵花			
			评分合计			☆
认写阿拉伯数字	7	辨认数字	读数字 6			
			读数字 9			
	8	书写数字	9 布局			
			9 笔顺			
			5 布局			
			5 笔顺			
			6 布局			
			6 笔顺			
			8 布局			
			8 笔顺			
			评分合计			☆
数的组成	9	口头说数	4 的组成			
			6 的组成			
			8 的组成（记录做出几组）			
			评分合计			☆
加减	10		做对题数			掰手指
	11		编对题数			
			评分合计			☆

续表

类别	题号	项目		内容	反应	评分	备注
应用题	12			3辆汽车			
	13			9分钱			
	14			5个苹果			
	15			2支铅笔			
	16			5只鸭子			
	17			3只小鸟			
			评分合计				☆
等分	18	口头	1	8个人每人1块			
				4个人每人2块			
				2个人每人4块			
			2	8个人每人1块			
				4个人每人2块			
				2个人每人4块			
		操作		8个人每人1块			
				4个人每人2块			
				2个人每人4块			
			评分合计				☆
几何图形	19			辨认图形的数量			
	20	守恒		4个三角形			
				为什么都叫三角形			
	21	变换		2个长方形			
				2个三角形			
	22	立体图形		正方体			
				圆柱体			
			评分合计				☆
时间	23			8点			
				3点半			
			评分合计				☆
			得分总计				

注：1. 回答正确在反应栏内用√表示。回答错误用×表示。

2. 备注一栏可记载幼儿表情、动作及其他值得注意的情况等。

3. 第二页备注栏内掰手指一项，指被试做第10题加减时，是否有用手指帮助运算的情况。如有这种情况，用√表示，没有用×表示。

4. 备注栏内☆记号为评分合计的标志，以便引起注意便于统计。

四、谈话法

谈话法指研究者依据一定的研究目的和计划，与研究对象就某一问题或主题进行面对面的交谈来获取信息、收集资料的方法。谈话法又称临床法，由瑞士心理学家皮亚杰首创。皮亚杰为了研究学前儿童对分类和包含关系的理解，与一名 5 岁半名叫泰依的儿童进行了如下对话。

皮亚杰："如果我将所有的报春花集成一束，你将所有的花集成一束。哪一束大一些？"

泰依："你的。"

皮亚杰选择了 4 枝报春花和 4 枝其他的花，问泰依同样的问题："如果我将所有的报春花集成一束，你将所有的花集成一束。哪一束大一些？"

泰依："它们是一样的。"[①]

……

在使用谈话法，尤其是谈话对象是学前儿童时，需要注意：首先，所谈内容必须是学前儿童熟悉的，或是学前儿童具有相关的经验，否则谈话无法顺利进行；其次，谈话需要有计划、有步骤地进行，由于学前儿童思维活跃，具有好奇、好问的特点，因此谈话前应制订出相应的计划，既要保持话题不偏题，又要采用学前儿童感兴趣的方式让他们的注意力集中在谈话的主题上；再次，谈话要想取得较好的效果，需要营造轻松愉悦的谈话氛围，给学前儿童充分的机会表达自己，并尊重他们的想法和意见；最后，最重要的一点是在谈话的过程中，不要急于纠正他们的错误。下面一则案例介绍的是关于形状守恒的谈话内容。

案例 6-2-3

正方形旋转 45°

师："这是什么形状？"

儿童："正方形。"

师："好，那这是什么形状？"（将正方形当着儿童面旋转 45°）

儿童："菱形。"

师："菱形，可是你刚刚跟我说这是正方形，现在又告诉我这是菱形，那它到底是什么形状的？"（手持正方形，回到原状）

儿童："正方形。"

师："好，这是什么形状？"（将正方形当着儿童面旋转 45°）

---

① 王振宇：《幼儿心理学》，20～21 页，北京，人民教育出版社，2012。

儿童："这样就是菱形。"

师："这样的就是菱形呀！好，那么怎么样的叫正方形？"

儿童："这样子的就叫作正方形。"（将正方形转回原状）

师："哦！那这个样子的呢？"（将正方形旋转 45°）

儿童："菱形。"

师："这张卡片你刚刚告诉我是正方形，现在你又告诉我是菱形，那这张卡片究竟是正方形还是菱形呢？"（将正方形转回原状）

儿童："正方形。"

师："可是刚刚你又跟我说是菱形。"

儿童："这样本来就是菱形啊！"（将正方形旋转 45°）

师："哦，这样本来就是菱形啊！好，谢谢你！"

拓展阅读

1. 蔡春美，等. 幼儿行为观察与记录[M]. 上海：华东师范大学出版社，2012.

2. ［英］莎曼，等. 观察儿童·实践操作指南（第三版）[M]. 单敏月，王晓平，译. 上海：华东师范大学出版社，2008.

3. ［英］里德尔—利奇. 观察：走近儿童的世界[M]. 潘月娟，王艳云，译. 北京：北京师范大学出版社，2008.

4. 朱家雄. 纪录，让教师的教学有意义[M]. 福州：福建人民出版社，2008.

实践训练

1. 运用任意一种方法对学前儿童数学发展情况进行评估。

2. 运用观察法对学前儿童数学任一方面的发展情况进行观察，撰写一则观察日记。

学习评价与反思

参考文献

[1]周端云，段志勇．幼儿数学教育与活动指导[M]．武汉：武汉大学出版社，2015.

[2]人民教育出版社中学数学室．数学文化[M]．北京：人民教育出版社，2003.

[3]J.莱夫等．情景学习：合法的边缘性参与[M]．王文静，译．上海：华东师范大学出版社，2004.

[4]李季湄，冯晓霞．《3—6岁儿童学习与发展指南》解读[M]．北京：人民教育出版社，2013.

[5]李伯约，黄希庭．时间记忆表征研究：继往与开来[M]．北京：新华出版社，2006.

[6][美]罗莎琳德·查尔斯沃斯．3～8岁儿童的数学经验(第五版)[M]．潘月娟，译．北京：人民教育出版社，2007.

[7]黄瑾．幼儿园数学教育与活动设计[M]．北京：高等教育出版社，2010.

[8]潘月娟．幼儿数学教育与活动指导[M]．北京：高等教育出版社，2013.

[9]万湘桂，李建亚．幼儿园多元智能活动开放课程教师指导用书(数学—操作)[M]．北京：农村读物出版社，2009.

[10][日]远山启．数学与生活[M]．吕砚山，等译．北京：人民邮电出版社，2010.

[11]张慧和，张俊．幼儿园数学教育[M]．北京：人民教育出版社，2004.

[12]张更立．幼儿园数学教育活动设计与指导[M]．合肥：安徽大学出版社，2014.

[13]张俊．给幼儿园教师的101条建议·数学教育[M]．南京：南京师范大学出版社，2007.

[14]张雪门．张雪门幼儿教育文集(上卷)[M]．北京：北京少年儿童出版社，1994.

[15]周欣．儿童数概念的早期发展[M]．上海：华东师范大学出版社，2004.

[16]邹兆芳．幼儿数学新编(教师用书)[M]．上海：上海三联书店，1996.

[17]金浩．学前儿童数学教育概论[M]．上海：华东师范大学出版社，2000.

[18]林嘉绥，李丹玲．学前儿童数学教育[M]．北京：北京师范大学出版社，2014.

[19]美国埃里克森儿童发展研究生院早期数学教育项目组．幼儿数学核心概念：教什么？怎么教？[M]．张银娜，侯宇岚，田方，译．南京：南京师范大学出版社，2015.

[20]黄瑾，田方．学前儿童数学学习与发展核心经验[M]．南京：南京师范大学出版社，2015.